Susanne Elsner, in München als Gymnasiallehrerin für Religion/Latein und als Autorin im theologischen Bereich tätig, und ihr Ehemann **Walter Elsner** sind seit ihrer Jugend immer wieder auf den Spuren des hl. Franziskus unterwegs. Dieses Interesse und ihre Leidenschaft fürs Pilgern führte sie schon vor Jahren auf verschiedene Etappen in Italien. Für ihr Buch „Franziskusweg", das beim Rother Bergverlag erschienen ist, recherchierten sie eigenständig einen durchgehenden Verlauf von Florenz bis Rom. Mit diesem Begleitbuch möchten sie Lust darauf machen, sich auf den historischen Wegen in Mittelitalien von der Spiritualität des Franz von Assisi anstecken und inspirieren zu lassen. Auf ihrer Internetadresse www.pilgerimpulse.jimdo.de finden Sie über dieses Buch hinaus weitere Anregungen zur spirituellen Gestaltung von Pilgerwanderungen.

Susanne und Walter Elsner

Mit Franziskus unterwegs

Impulse für Pilger von Florenz über Assisi nach Rom

Bibliografische Information der Deutschen Nationalbibliothek:
Die Deutsche Nationalbibliothek verzeichnet diese Publikation in der Deutschen Nationalbibliografie; detaillierte bibliografische Daten sind im Internet über dnb.dnb.de abrufbar.

Herstellung und Verlag:
BoD – Books on Demand, Norderstedt

ISBN: 9783752859768

Vorwort

Liebe Mit-PilgerInnen auf dem Franziskusweg!

Sie suchen nach einer kleinen geistlichen Begleitung für Ihr Vorhaben, den Franziskusweg ganz oder in Teilen zu pilgern?!

Hier sind einige Anregungen. Sie stammen aus Gedanken, die wir selbst beim Pilgern auf den Spuren des Franziskus hatten. Meist angeregt von den vielen Geschichten rund um den sympathischen Heiligen, der schon seit früher Jugend unser beider Leben begleitet, haben wir jeden Tag unter ein passendes Motto gestellt.

Wir danken allen, die in uns diese Begeisterung für Franziskus geweckt und wach gehalten haben – besonders unseren langjährigen franziskanischen geistlichen Begleitern Sr. Theresia Wittemann OSF und Br. Georg Greimel OFMCap, die uns seit unserer Jugend vorgelebt haben, was es bedeutet, von Franziskus ergriffen und begeistert zu sein. Dazu, Pilgertage mit Impulsen zu begleiten, inspirierte uns unsere Freundin Barbara Bierprigl, die ein Teilstück des Franziskusweges mit uns unterwegs war. Ihnen allen und unseren Kindern, die uns immer unterstützen, widmen wir diese Texte.

Susanne und Walter Elsner

Pilgermaus © Verena Elsner

5

Inhalt

7

Winter 1181/1182
Franziskus wird in Assisi geboren und in Abwesenheit des Vaters in S. Rufino auf den Namen Giovanni (Johannes) getauft. Nach dessen Rückkehr aus Frankreich wird der Name in Francesco (Französlein) geändert. Franziskus wächst unbeschwert heran und genießt ein sorgloses Leben als Sohn eines reichen Tuchhändlers.

1202
Städtekrieg zwischen Assisi und Perugia: In der Schlacht bei Ponte S. Giovanni wird Franziskus gefangen genommen.

1203
Franziskus kehrt krank aus der Gefangenschaft zurück.

1205
Franziskus will als Ritter in den Kreuzzug ziehen, kehrt aber wieder um und verschenkt seine Ausrüstung. Er beginnt über sein bisheriges Leben nachzudenken. Im halb verfallenen Kirchlein S. Damiano hört er das Kreuz zu sich sprechen: "Franziskus, siehst Du nicht, dass mein Haus in Verfall gerät? Geh also hin und stell es mir wieder her!" Sein Lebensinhalt besteht nun darin, sich für den Aufbau dieser Kirche und auch für die Armen einzusetzen.

1206
Streit mit dem Vater. Franziskus zieht seine Kleidung in Anwesenheit des Bischofs aus und gibt sie und all seinen Besitz seinem Vater zurück. In der Zeit danach renoviert er u.a. die Kirchen S. Damiano und Portiuncula.

1208
Erste Gefährten schließen sich Franziskus an. Sie leben ohne Besitz und sind Bettler.

1209

Mit elf Gleichgesinnten erbittet er vor Papst Innozenz III. in Rom die Bestätigung der Lebensweise als Minderbrüder mit den Gelübden Armut, Gehorsam und Keuschheit.

1212

Klara (ital. Chiara), eine reiche Adlige, schließt sich Franziskus an. Dadurch entsteht ein weiblicher Ordenszweig. Beide Orden breiten sich in den Folgejahren aus.

1219

Franziskus trifft mit dem Sultan im Heiligen Land zusammen und versucht vergeblich, Frieden zu stiften.

1220

Verzicht auf die Ordensleitung.

1223

Franziskus feiert erstmals den Heiligen Abend mit einer Weihnachtskrippe in Greccio.

1224

Stigmatisation: Franziskus empfängt die Wundmale Jesu auf dem Berg La Verna.

1225

Er erblindet fast vollständig; dennoch dichtet er den Sonnengesang, vermutlich in S. Damiano. Sein Gesundheitszustand verschlechtert sich rapide.

03. Okt 1226

Franziskus stirbt in Portiuncula.

16. Jul 1228

Papst Gregor IX spricht ihn in Assisi heilig.

Hinführung

Für das Langstreckenpilgern wie am Franziskusweg hat es sich bewährt, einen Tag lang mit einem Motto und einem Anfangsimpuls zu pilgern. Diesen oder einen Teil davon kann man oft auch gut wie ein Mantra vor sich her sprechen.

Darum ist dieser „Morgenimpuls" immer nur ein (kurzer) Satz mit wenigen Gedankeninspirationen dazu.

Unterwegs halten wir eine Pilgerrast, bei der auch ein längerer Impuls dazu kommen kann. Es sind Geschichten aus dem Franziskusleben oder der franziskanischen Tradition, biblische Perikopen oder auch Betrachtungen über einen für die Etappe typischen und zu ihr passenden Vorfall oder Gegenstand. Die Einteilung der Etappen richtet sich nach unserem im Rother Bergverlag erschienenen Pilgerführer „Franziskusweg", über den Sie sich auch auf unserer Homepage https://pilgerimpulse.jimdo.com/ informieren können.

Abends klingt der Pilgertag dann in einer kurzen Meditation
10

aus, die meist viel Raum für eigene Gedanken lässt. Ein kurzes Gebet beschließt den Pilgertag.

Das erste folgt gleich hier. Ob nun daheim vor der Abreise oder am Startpunkt vor der Übernachtung: Vor dem ersten Pilgertag wollen wir abends mit diesem Rhythmus beginnen und ein Gebet sprechen:

Guter Gott, morgen mache ich mich auf einen besonderen Weg. Ich pilgere auf den Spuren des heiligen Franziskus. Ich bin aufgeregt und gespannt auf das, was auf mich zukommen wird. Ich freue mich auf die Landschaft in Italien, auf Kontakte zu Mitpilgern, auf Begegnungen und die Gastfreundschaft der Einheimischen, auf die inneren Gewinne, die ich mir erhoffe! Mach mich empfänglich für die Wunder deiner Schöpfung, wie sie Franziskus erfahren hat. Lass mich immer darauf vertrauen, dass du bei mir bist und wache nun über meinen Schlaf, damit ich morgen mit Kraft und Mut erwache und mit dem Pilgerweg beginne! Amen.

1. Florenz – Pontassieve: BEGEGNUNG

A MORGENIMPULS

Unser Motto speist sich heute aus mehreren Quellen:

- In Florenz spielt sich eine wichtige Begegnung des Franziskus ab, da er im Sommer 1217 hier Kardinal Hugolin trifft, der ihn davon abhält, nach Frankreich auf Predigtreise zu gehen.

- Der italienische Name „Incontro" des Klosters, das wir heute auf dem höchsten Punkt der Etappe erreichen, bedeutet übersetzt Begegnung.

- Wir selber werden heute zuerst in Florenz vielen Menschen begegnen, später immer wenigeren – die Qualität der Begegnungen wird allerdings eher stärker.

Unser Impuls stammt von Dietrich Bonhoeffer, der 1945 im KZ Flossenbürg ermordet wurde:

Der Mensch lebt notwendig in einer Begegnung mit anderen Menschen, und ihm wird mit dieser Begegnung in einer je verschiedenen Form eine Verantwortung für den anderen Menschen auferlegt.

B UNTERWEGS

Kloster Incontro

Es ist eine Begegnung, die für Franziskus nicht so endet wie erhofft. Pfingsten 1217 hatten sich die Mitglieder seines Ordens bei der Portiuncula-Kapelle bei Assisi getroffen. Das Ergebnis war, dass die Aussendung von Brüdern ins Ausland beschlossen wurde – etwa nach Frankreich, Spanien und Deutschland. Franziskus entscheidet sich für Frankreich und reist in die Toskana, um auf der Via Francigena, dem alten Frankenweg, weiter nach Westen zu gelangen.

In Florenz trifft Franziskus einen guten Freund und wichtigen Ratgeber, Kardinal Hugolin, der ein Jahr später auch zum Protektor des Ordens werden wird, ihn also in wichtigen kirchlichen Angelegenheiten vertritt. Dieser befiehlt ihm im Gehorsam, in Italien zu bleiben, da für den noch jungen Orden seine Gegenwart notwendig ist. Der weitsichtige Kardinal spürt seine Verantwortung, er weiß, dass es jetzt darauf ankommt, dem jungen Orden Strukturen zu geben, damit er in seinem Wachstumsboom nicht in falsche Bahnen gelenkt wird. Dazu ist die Anwesenheit des Ordensgründers wichtig, und die Reiseleitung der Gruppe nach Frankreich übernimmt Bruder Pazifikus an Stelle von Franziskus.

Wir sehen hier ein Beispiel für den Franziskus eigenen Gehorsam kirchlichen Autoritäten gegenüber. Er lässt seine Pläne durchkreuzen, gibt sie auf und widmet sich der alten neuen Aufgabe im Land.

Begegnungen durchkreuzen oft Pläne, ob positiv, wenn ich an die erste Begegnung mit Freunden oder geliebten Menschen denke, an inspirierende Treffen, an guten Gedankenaustausch. Aber auch negativ, wenn in einer Begegnung jemand in mein Leben tritt, der es mir schwer macht und mir schadet.

Wie es wohl Franziskus bei dieser Begegnung mit Hugolin ging? Der Kardinal verbietet ihm das, was er eigentlich immer wollte: in ferne Länder reisen und predigen, mit Unbekannten über Gott sprechen und den Glauben verkünden. Stattdessen soll er den Orden, der für ihn ja eher beiläufig entstanden ist, mit all seinen aktuellen Grabenkämpfen und Denkrichtungen einen und leiten. Sicher erst einmal ein schwerer Weg, da zuzustimmen, sich zu fügen. Und natürlich ist es unhistorisch, zu fragen, wie die (Ordens-)Geschichte wohl anders verlaufen wäre.

Begegnung   verändert.   Pläne.   Ansichten.   Mich.

C ABENDIMPULS

Der Mensch lebt notwendig in einer Begegnung mit anderen Menschen, und ihm wird mit dieser Begegnung in einer je verschiedenen Form eine Verantwortung für den anderen Menschen auferlegt.

Welche   Begegnungen   habe   ich   heute   erfahren? Mit anderen, mit mir selbst, mit Gott?

Wie beurteile ich diese Begegnungen? Oder will ich sie gar nicht beurteilen?

Wie beurteile ich die Begegnung von Franziskus und Hugolin? Kann ich mit dieser Art von Gehorsam etwas anfangen? Hat mich die Geschichte begleitet, umgetrieben?

An welche eigenen Begegnungen hat sie mich erinnert?

An welche Begegnungen habe ich heute überhaupt gedacht? Mit Freude und Dankbarkeit?

Legen wir unsere Gedanken in das folgende kurze Gebet:

Guter Gott, du schenkst mir Mitmenschen, die mir begegnet sind, die mir gut tun und Gutes wollen. Vergelte ihnen ihre Freundlichkeit mir gegenüber und lass sie heute gut schlafen! Gib auch mir gute Gedanken und einen frohen Abschluss dieses ersten Pilgertages! Lass mich morgen mit neuer Kraft und neuem Mut erwachen – und in Freude auf Begegnungen auf meinem Weg! Amen.

2. Pontassieve - Consuma: Berg – AUF – Bau

A MORGENIMPULS

Unser Motto heute, bei einer Etappe fast nur bergauf, kreist um das Wort AUF, da wir ziemlich in der Mitte der Wanderung bei einer im Verfall befindlichen Felsenkapelle vorbeikommen. Hier ist für einen franziskanischen Pilger die Assoziation zum Auf-Bau von S. Damiano bei Assisi durch Franziskus naheliegend.

Aus dieser Episode stammt auch unser Impuls:

„STELL MEIN HAUS WIEDER HER, SIEHST DU NICHT, WIE ES VERFÄLLT?"

B UNTERWEGS

Felsenkapelle

Es ist das Jahr 1206, Franziskus ist auf der Suche nach einem Lebensinhalt, nachdem sein bisheriger Lebensentwurf durch Krieg, Gefangenschaft und Krankheit gescheitert ist.

Bonaventura beschreibt den ca. 24jährigen Franziskus vor dem Kreuz in der halb zerfallenen Kirche S. Damiano, wo er betet: *„Höchster, herrlicher Gott, erleuchte die Finsternis meines Herzens, damit ich deinen heiligen und wahren Auftrag erfülle."* Weiter wird erzählt, dass sich Franziskus in S. Damiano *vor dem Bild des Gekreuzigten niederwarf und während des Betens mit geistlichem Trost erfüllt wurde. Als er dann zur Kreuzesikone aufschaute, hörte er mit seinen leiblichen Ohren, wie dreimal eine Stimme die Worte zu ihm sprach: „Franziskus, gehe hin und stelle mein Haus wieder her, siehst du nicht, wie es verfällt?" Erschrocken, weil er ja* *ganz allein in der Kirche war, staunte Franziskus über die wunderbare Stimme und sein Herz spürte die Kraft des göttlichen Wortes. Nachdem er wieder zu sich gekommen war, gehorchte er dem Wort des Herrn. Er begann, das steinerne Kirchlein wiederherzustellen.*

Der Biograf fügt kurz an, dass sich der Auftrag eigentlich auf die ganze Kirche bezog. Aber wie hätte der junge Beter das gleich „richtig" verstehen sollen?

Wer würde nicht konkret den Kirchenbau um sich herum meinen und als gemeint denken, besonders, wenn dieser sich in schlechtem Zustand befindet? Würde irgendjemand –

ob damals oder heute - gleich die Kirche als ganze, als Institution angesprochen sehen? Die Kirche wiederherstellen, mehr als „nur" das Gebäude - wie sollte das auch gehen? Und außerdem: Brauchen wir etwa keine Gebäude mehr, da die Gottesdienstbesucherzahlen zurückgehen? Schließlich baut das eine auf dem anderen auf.

Kirche lebt von und in Kirchen.

Franziskus denkt praktisch, er versteht den Auftrag ganz konkret. Und fängt an, S. Damiano zu renovieren. Dass daraus dann mehr wird, das ist erst einmal nicht im Blick.

Bei der Renovierung einer Kirche ist das ähnlich: es wird gebaut, ganz konkret, handwerklich, Stück für Stück. Es ist mühsam, kostet Zeit, Mühe und viel Geld. Doch auch in diesem ganz Handgreiflichen steckt mehr. Es steht eine Idee dahinter, ein größeres Ziel, ein tieferer Sinn und Zweck – ein heiliger Bau entsteht wieder neu, Gottes Haus, Gebäude aus Menschenhand, Gebäude aus Gottesgeist.

Ob sich hier einmal jemand findet, der das Wort vom Aufbau der Kirche auf dieses Kirchlein bezieht und sich berufen fühlt?

C ABENDIMPULS

Stell mein Haus wieder her, siehst du nicht, wie es verfällt?

Aufbauen und bergauf pilgern haben uns heute geistig und körperlich beschäftigt.

Auf

Auf!!!

Ein Weckruf, eine AUFforderung.

Wie geht es mir mit solchen Aufforderungen? Von Vorgesetzten, Autoritäten, Gott? Bin ich schnell dabei und dann auch schnell überfordert? Oder prallen solche Ansprüche an mir ab?

Wann fühle ich mich aufgefordert, etwas zu tun? Und was dann – oder was auf keinen Fall?

Wie ging es mir heute mit dem vielen Berg-AUF? Fühle ich mich angestrengt, gefordert? Oder war ich stolz und erfreut, wie sich der Horizont bei jedem Schritt des AUFstiegs weitete?

Ich habe heute Ja gesagt zum Berg-AUF.

Vielleicht fällt es mir daher leichter, wie Franziskus den Ruf Gottes an mich auch mit einem „Ja" zu beantworten – wie er vor dem Kreuz in S. Damiano.

Legen wir unsere Gedanken in das folgende kurze Gebet:

Guter Gott, du forderst etwas von uns Menschen, von jedem einzelnen von uns. Auch ich soll am Aufbau von Gesellschaft und Kirche mitarbeiten. Gib mir Fantasie und gute Gedanken dafür! Zeige mir Wege und Möglichkeiten, deinen Auftrag zu erkennen und zu erfüllen! Lass mich morgen mit neuer Kraft und neuem Mut erwachen – und in Vorfreude auf den weiten Blick am Gipfel bzw. am Pass! Amen.

3. Consuma – Stia: SICH BESCHÜTZT WISSEN

A MORGENIMPULS

Unser Motto speist sich heute aus der Erfahrung auf dieser Etappe, dass der Wechsel von tiefem Wald und kleinen Ortschaften eine wohltuende Auswirkung auf die Seele eines Pilgers hat. Man kommt immer mal wieder „unter Menschen", ganz unwillkürlich fühlt man sich geschützt, wenn man auf besiedelten Boden trifft.

Beschützt wussten sich auch schon Pilger aller Zeiten durch himmlische Mächte, etwa durch die Heiligen Christophorus oder Jakobus, deren Kirche in Villa unser heutiger Ruhepunkt etwa in der Mitte der Etappe ist.

Franziskus liefert uns heute dafür unseren Impuls, von dem wir einen Lieblingssatz als Mantra mitnehmen können:

O HERR, IN DEINEM ARM BIN ICH SICHER. WENN DU MICH HÄLTST, HABE ICH NICHTS ZU FÜRCHTEN. ICH WEIß NICHTS VON DER ZUKUNFT, ABER ICH VERTRAUE AUF DICH.

B UNTERWEGS

Kirche von Villa

Mitten in der Waldeinsamkeit treffen wir hier auf eine Kirche mit gleich zwei Schutzpatronen, deren Gemeinsamkeit es ist, von Pilgern oder anderen Reisenden um Schutz angerufen zu werden: Christophorus und Jakobus.

Es ist ein Grundbedürfnis:

Schutz zu erflehen.

Auf Schutz zu hoffen.

Sich geschützt wissen.

Und dann

Sicher über einen Pass kommen.

Sicher durch den Wald.

Sicher durch die Wasser des Lebens.

Doch warum diese beiden Heiligen?

Der kaum durch Lebensdaten oder Fakten bekannte heilige Christophorus ist oft außen an Kirchen aufgemalt, die an Passstraßen stehen und mit der Figur des Riesen den Reisenden eine gute Fahrt und gesunde Heimkehr wünschen.

21

Ein Riese schützt allein schon durch seine Größe vor den Gefahren im riesen-großen Wald. Auch wenn er einen überragt, ist dies kein Problem, er steht ja auf der gleichen Seite. Christophorus-Medaillons oder Abzeichen im Auto oder am Motorrad, vielleicht sogar gesegnet, stehen bis heute für den göttlichen Schutz für die motorisierte und mobile Bevölkerung. Die Rettungshubschrauber in Deutschland und Österreich tragen diesen Namen ebenfalls.

Eine beachtliche Verbreitungsgeschichte für einen Mann, dessen Namen wir eigentlich nicht kennen, der nur wegen seiner Tat, Christus über einen Fluss zu tragen, so heißt: Christo-phorus, Christus-träger

Und Jakobus? Mit seinem Namen verbindet ein christlicher Pilger seit dem Mittelalter den Pilgerweg schlechthin, den Jakobsweg nach Santiago de Compostela, wo das Grab des Apostels zu einer der bedeutendsten Pilgerstätten des Christentums wurde.

Wie ist das bei uns? Haben wir für diese Tradition noch etwas übrig? Oder ist unser Schutz im Wald oder im Gebirge unser GPS-Gerät, das Handy oder wenigstens die analoge Landkarte? Der Wetterbericht? Nur das? Reicht das?

Welche Rolle spielt Gott in diesen Überlegungen? Glaube ich daran, auch von ihm mittels „übernatürlicher Kräfte" geschützt zu werden – ob nun durch Schutzengel, liebe Verstorbene oder traditionelle Heilige?

Reflektieren wir diese Fragen beim nun folgenden längeren Wegstück auf der bequemen Straße! Wenn wir andere Pilger um uns haben, ist es auch ein schönes Zeichen, sich auf diesem Stück an den Händen zu fassen, denn auch Gemeinschaft macht sicher und stark!

C ABENDIMPULS

O Herr, in deinem Arm bin ich sicher. Wenn du mich hältst, habe ich nichts zu fürchten. Ich weiß nichts von der Zukunft, aber ich vertraue auf dich.

Wieder bin ich geborgen und geschützt in einer alten Siedlung. Menschen sind um mich herum. Ich habe einen Schlafplatz und etwas zu essen (bekommen).

Für ein paar Minuten stelle ich mir nun aber vor, draußen im Wald oder auf einem Feld geblieben zu sein. Ganz konkret. Mit der Temperatur dort draußen, mit den Geräuschen, mit den Gerüchen, mit meinen Gefühlen.

Wie geht es mir bei diesen Gedanken?
Was macht mir dabei vor allem Angst?

Warum ist das so?

Legen wir unsere Gedanken in das folgende kurze Gebet:

Guter Gott, ich danke dir für deinen Schutz auf diesem Pilgertag! Ich bin froh, den Weg gefunden und bewältigt zu haben. Ich fühle mich geleitet und sicher. Schütze alle, die heute Nacht im Freien nächtigen müssen – auf der Flucht oder aus Not! Wache nun über meinen Schlaf und lass mich morgen mit neuer Kraft und neuem Mut erwachen! Amen.

4. Stia – Camaldoli: VITA CONTEMPLATIVA

A MORGENIMPULS

Unser Motto speist sich heute daraus, dass wir in der Einsiedelei von Camaldoli mit der kontemplativen Lebensausrichtung von Mönchen konfrontiert werden. Auch Franziskus stand dieser sehr nahe und zog sich gern zurück, um zu schweigen und zu beten. Für uns bietet die lange und ab Lonnano auch längere Zeit der Zivilisation abgewandte Etappe die Möglichkeit der Betrachtung und der Stille.

Das Ziel christlicher Betrachtung formuliert Klara von Assisi. Es ist ein zwar kurzer, aber intensiver Text in ungewohnter Sprache. Lassen wir uns dennoch darauf ein und denken unterwegs darüber nach. Wer sich an der altertümlichen Sprache stört, mag ihn für sich übersetzen – eine Möglichkeit steht in Klammern unter unserem heutigen Impuls:

STELLE DEIN HERZ VOR DAS BILD DER GÖTTLICHEN WESENHEIT, UND FORME DICH SELBST DURCH BETRACHTUNG GÄNZLICH UM – IN DAS ABBILD SEINER GOTTHEIT.

(Lass Gott tief in dein Herz sehen; durch das Nachdenken über ihn verändere dich selbst, da du Gott in dein Leben aufnimmst und in seinem Sinne handelst.)

B UNTERWEGS

Zwischen Croce Gaggi und der Eremo di Camaldoli

Schon in der Antike, in der griechischen Philosophie, ist das in sich gehende Betrachten ein Thema. Der Begriff, den die Griechen dafür prägten, ist interessant: theoria, das nichts anderes als das Anschauen – auch das von „weltlichen" Sa-

24

chen – bedeutet, aber in philosophischen Texte auch zum Synonym für das geistige Erfassen grundlegender Inhalte wurde. Als solches übernahmen es die Kirchenväter und fanden – wie schon Cicero in der Philosophie – im lateinischen Wort „contemplatio" die Entsprechung.

Im alten Rom hatte das Wort ursprünglich etwas anderes bedeutet: Die Vorsilbe „con" kann „zusammen" bedeuten oder aber ein Wort einfach verstärken. Und „templum" war – vor seiner uns bekannten Bedeutung als Kultbau – eigentlich nur der Beobachtungsbereich der Auguren, die aus dem Vogelflug die Zukunft herauslasen und damit den Willen der Götter erkundeten. Im Laufe der Zeit bezeichnete „contemplatio" dann das aufmerksame Betrachten, und zwar ebenso im sinnlichen wie auch geistigen Bereich.

Im Christentum wurde der Begriff auf das beschauliche und religiöse Inhalte betrachtende Leben, die Versenkung und Meditation angewandt, und bis heute verstehen wir ihn als Gegensatz zum aktiven, praktischen Handeln.

Dieses Gegensatzpaar wurzelt auch im bekannten Bibeltext von den beiden Schwestern Martha und Maria, die beim Besuch von Jesus unterschiedlich reagieren (Lk 10,38 ff):

Martha nahm ihn in ihr Haus auf. Sie hatte eine Schwester namens Maria, die sich zu Füßen des Herrn hinsetzte und sein Wort hörte. Martha aber war ganz damit beschäftigt, ihm zu dienen, bis sie sich vor die beiden hinstellte und Jesus ansprach: Herr, kümmert es dich nicht, dass meine Schwester mich alleine arbeiten lässt. Sag ihr doch bitte, dass sie mir helfen soll! Der Herr antwortete ihr: Martha, Martha, du bist aufgeregt, und dich beschäftigen sehr viele Dinge. Aber nur eines ist notwendig. Maria hat den besten Teil gewählt, der ihr nicht genommen werden sollte.

Uns kann diese Absage an die bloße (und nicht einmal gewünschte!) Geschäftigkeit vieles lehren, wenn wir an unseren Alltag denken, der so oft voller Aktionismus ist und in dem nichts mehr zählt als ständige Leistungsbereitschaft und Tätigkeit. Sich hinzusetzen, um jemandem zuzuhören, sich Zeit für jemanden nehmen oder gar selber dazusitzen und nichts zu tun – all das ist gesellschaftlich nicht anerkannt. Besonders Menschen in sozialen Berufen kennen diese Zerreißprobe, etwa, dass man gern mehr Zeit für Patienten oder Klienten hätte, dies aber nicht honoriert und im schlimmsten Fall sogar sanktioniert wird.

Hier setzen die kontemplativen Orden einen Kontrapunkt. Da ist nichts Zeit- oder Nutzensvorgaben angepasst. Es zählt nur der Mensch. Und Gott.

Bei Franziskus und seinen Ordensbrüdern regelt ein Statut, das sich auf das Modell der Martha und Maria bezieht, das gemeinschaftliche Leben in den Einsiedeleien, in die sich die Brüder zu dritt oder viert zurückziehen dürfen. Es heißt dort, dass zwei von ihnen die „Mütter" sein und maximal zwei „Söhne" haben sollen. Die „Mütter" sollen das Leben der Martha führen, und die beiden „Söhne" sollen das Leben der Maria führen. Die „Söhne" aber sollen bisweilen das Amt der „Mütter" übernehmen, so dass jeder mit jeder Rolle abwechselnd betraut wird.

Ein Modell für uns? Work-Life-Balance? Warum nicht.

C ABENDIMPULS

Stelle dein Herz vor das Bild der göttlichen Wesenheit, und forme dich selbst durch Betrachtung gänzlich um – in das Abbild seiner Gottheit.

Gottes Ebenbilder zu sein, das ist unser in der Schöpfungs-geschichte grundgelegter Anspruch. Er wird nur dann Wirk-lichkeit, wenn wir uns nicht auffressen lassen von der Ge-schäftigkeit unseres Alltags. Nur dann, wenn wir unser Herz Gott hinhalten, wenn wir offen sind für seine Wege, für seine Ideen, für seinen Auftrag an uns.

Nehmen wir uns bewusst fünf Minuten der Stille, in der wir ganz Hörende sind und unser Herz vor ihm offen darlegen.

Legen wir unsere Gedanken in das folgende kurze Gebet:

Guter Gott, ich bin jetzt ganz bei dir, ich höre auf dein Wort und versuche, deinen Willen zu erkennen. Lass mich jetzt beim Pilgern spüren, wie ich deinen Auftrag an mich dann in ein paar Tagen oder Wochen wieder im Alltag umsetzen kann, wie ich ein betrachtender und hörender Mensch bleiben oder werden kann. Wache nun über meinen Schlaf und lass mich morgen mit neuer Kraft erwachen! Amen.

5. Camaldoli – Biforco: BÄUME

A MORGENIMPULS

Unser Motto kommt heute daher, dass wir viel Wald durchwandern, aber auch noch einen Blick auf die besondere
Baummystik der Kamaldulenser werfen wollen, die uns gestern oben in der Eremo vielleicht schon aufgefallen ist.
Romuald und seine Ordensbrüder waren Pioniere der Ökolo-
giebewegung, da für sie der Wald eine Kathedrale und damit
der bevorzugte Ort für Gebet und Meditation war. Eine forst-
wirtschaftliche Satzung verpflichtete sie zur Erhaltung der
Ressourcen, und dabei ersetzten die Mönche auch gern
gefällte Bäume durch Weißtannen, da ihnen ein besonderer
Effekt zu eigen ist: Angeblich filtern die Zweige das Sonnen-
licht wie Kirchenfenster. Im oberen Teil des Gebietes, in der
Nähe der Einsiedelei, dominiert daher der kultivierte Weiß-
tannenwald. Im unteren Teil des Tals, in der Nähe des Klost-
erdorfes, von dem wir jetzt aufbrechen, gibt es Laubbäume
wie Buchen und Kastanien.

Es handelt sich um eine sehr schöne, gut gemischte, aber
auch zarte Vegetation. Der angebaute Wald braucht die Arbeit des Menschen, um überleben und sich erneuern zu können. Der Mensch wiederum braucht die Bäume – eine biolo-
gische Binsenweisheit, die aber auch bereits in der Bibel
steht, wie hier im Buch der Offenbarung (22,1 ff), wobei uns
der letzte Teilsatz gut als rhythmisches Wandermantra der
heute anstrengenden Pilgerwanderung über Berge und durch
Täler dienen kann:

BÄUME DES LEBENS – ZWÖLFMAL TRAGEN SIE FRÜCHTE, JEDEN
MONAT EINMAL; UND DIE BLÄTTER DER BÄUME DIENEN ZUR HEI-
LUNG DER VÖLKER.

B UNTERWEGS

Im Arboretum von Badia Prataglia

Hier ist ein guter Ort zum Ausspannen nach der ersten Berg-
überquerung, der bald die nächste folgen wird. Und es ist ein
besonders guter Ort zum Durchatmen.

Konzentrieren wir uns auf die gute Luft, die uns von den
Bäumen hier geschenkt wird. Und atmen wir bewusst einige
Atemzüge langsam ein und aus.

Bäume faszinieren wohl seit Urzeiten den Menschen und sind
in allen Kulturen Symbole für Leben, für Zeit und Welt. Mit

29

ihren im Boden steckenden Wurzeln und in den Himmel reichenden Kronen verbinden sie Himmel und Erde, Diesseits und Jenseits und sind in manchen Weltbildern auch Bilder des Kosmos mit seinen drei Zonen Oberwelt, Welt und Unterwelt.

Aber Bäume sind auch christliche Symbole.

Im Paradies stehen laut dem Alten Testament Bäume voller verlockender Früchte – und auch der Baum der Erkenntnis, von dem aus der Sündenfall dem Menschen aus dem wundervollen Garten Eden vertreibt. Seit dem Mittelalter setzte sich dessen Deutung als Apfelbaum durch.

Der andere Baum der Paradieserzählung – der Baum des Lebens – erhält in der christlichen Tradition eine besondere Bedeutung. Sein Stamm wird mit dem Holz des Kreuzes Jesu in Beziehung gesetzt. An ihm stirbt der Erlöser Jesus Christus und rettet die durch den Sündenfall verdorbene Welt. Kreuz und Baum werden dadurch aufs engste verwoben – das Kreuz ist der Lebensbaum. Die Kunst des Mittelalters nimmt diesen Gedanken ganz konkret auf und zeigt den sterbenden Jesus oft an einem Kreuz, das als Baum mit lebendigen Zweigen und grünen Blättern gestaltet ist.

Der frühe Theologe Hippolyt von Rom (170 – 235) ruft in einem Hymnus aus: *Dieser himmlische Baum ist von der Erde zum Himmel gewachsen. Unsterbliches Gewächs, reckt er sich auf zwischen Himmel und Erde. Er ist der feste Stützpunkt des Alls, der Ruhepunkt aller Dinge, die Grundlage des Weltenrunds, der kosmische Angelpunkt. Er fasst in sich zur Einheit zusammen die ganze Vielgestalt der menschlichen Natur. Er rührt an die höchsten Spitzen des Himmels und festigt mit seinen Füßen die Erde, und die weite, mittlere Atmosphäre dazwischen umfasst er mit seinen unermesslichen Armen.*

Schließen wir unsere Betrachtung mit tiefen Atemzügen ab. Legen wir uns auf eine der Bänke oder den Boden und blicken wir in den Himmel hinter den Zweigen! Oder berühren wir einen Baum, umfassen ihn in der Gruppe, blicken hinauf und denken, der könnte bis in den Himmel reichen…

C ABENDIMPULS

Bäume des Lebens – zwölfmal tragen sie Früchte, jeden Monat einmal; und die Blätter der Bäume dienen zur Heilung der Völker.

Die Blätter der Bäume dienen zur Heilung der Völker – der Satz hat uns heute begleitet, und vielleicht mussten wir manchmal hart schlucken, wenn wir daran dachten, wie sorglos die Menschheit heute mit den Ressourcen der Natur, mit dem Geschenk der Wälder und der Bäume umgeht.

Bäume sind wichtig, Bäume schützen, Bäume spenden Schatten, Bäume filtern Licht,

Bäume wandeln verbrauchte Luft in Atemluft,

Bäume schmücken mit ihren Zweigen Gräber,

Bäume sind auch Christbäume,

Bäume spenden ihr Holz für Wärme, Möbel, Häuser, Papier,

Wie kahl wäre die Welt ohne sie...

Was tun wir konkret, damit die Bäume auch den künftigen Generationen zur Heilung dienen können?

Legen wir unsere Gedanken in das folgende kurze Gebet:

Guter Gott, du hast die Welt so schön und doch so zart erschaffen und uns deine Schöpfung anvertraut. Ich danke dir für die vielen Wunder der Natur, die mir auch heute wieder begegnet sind. Hilf mir, mutig Schritte zu gehen, die diese Verantwortung im Blick haben und nicht verraten, hier wie auch wieder zu Hause im Alltag. Lass mich morgen mit neuem Mut erwachen – und in Vorfreude auf den wunderbaren Berg von La Verna! Amen.

A MORGENIMPULS

Unser Motto speist sich heute daher, dass wir diesem Begriff bei unserer heutigen Etappe sehr und beinahe körperlich nahekommen. Wir tauchen am Monte Penna ein in einen wirklich mystischen Wald, und oben im Kloster La Verna können wir auch bei der Betrachtung der verschiedenen Visionen bis hin zur Stigmatisation von Franziskus spüren, was Mystik bedeuten kann.

Ein großer Dichter, Johann Wolfgang von Goethe (1749 - 1832), liefert uns heute den passenden Impuls dazu:

ALLE MYSTIK IST EIN TRANSZENDIEREN UND EIN ABLÖSEN VON IRGENDEINEM GEGENSTANDE, DEN MAN HINTER SICH ZU LAS-SEN GLAUBT.

B UNTERWEGS

Im Wald des Monte Penna

Es ist nur ein hoher Wald mit uralten Bäumen, bemoosten Steinen und Laub am Boden, könnte man ganz nüchtern sagen.

Doch die meisten Pilger, die hier durchwandern, erleben diesen Wald als etwas Besonderes, etwas Mystisches.

Der Alltag fällt ab. Die Anstrengung von der Überschreitung des Poggio Montopoli fällt ab.

Das Gehen fällt leichter. Das Atmen fällt leichter.

Wir pilgern langsamer, bewusster. Und wir würden gern ganz lange hier so weitergehen, einfach weiter und weiter hier in diesem Wald.

Die Zeit spielt keine Rolle mehr. Es würde einen nicht mal besonders wundern, wenn Franziskus uns entgegen käme.

Zeitlosigkeit.

Ruhe.

Und Stille.

Gott.

Ich.

Gott und ich.

Diese Gedanken sind auch die Basis für das ansatzweise Verstehen der Stigmatisation des Franziskus;

hier auf diesem Berg fällt es aber tatsächlich leichter als anderswo.

Nach der „Dreigefährtenlegende", einer alten franziskanischen Quelle, geschah diese so:

Gott wollte Franziskus' ständiges Gedenken an Christi Leiden, das er im Herzen trug, der ganzen Welt offenkundig machen durch den bewundernswerten Vorzug eines einzigartigen Privilegs, mit dem er ihn wunderbar schmückte. Eines Morgens – es war zwei Jahre vor seinem Tod – betete Franziskus um das Fest der Kreuzerhöhung am Hang des Berges, der La Verna heißt. Während er nun durch die Glut seiner Sehnsucht zu Gott empor getragen wurde und dieser ihn durch das Mitleiden in jenen umgestaltete, der aus übergroßer Liebe gekreuzigt worden war, erschien ihm ein Seraph. Dieser hatte sechs Flügel, und zwischen den Flügeln besaß er die Gestalt eines überaus schönen gekreuzigten Mannes. Hände und Füße hielt er ausgespannt nach Art eines Kreuzes und zeigte ganz deutlich die Züge des Herrn Jesus. Mit zwei Flügeln verhüllte er sein Haupt, mit zwei den übrigen Leib bis zu den Füßen, zwei aber waren zum Flug ausgespannt. Als die Erscheinung verschwand, blieb in seiner Seele eine wunderbare Glut der Liebe zurück, aber in seinem Fleisch erschien noch wunderbarer die Einprägung der Wundmale des Herrn Jesus Christus. Der Mann Gottes verbarg sie, so gut er konnte, bis zu seinem Tod, da er das Zeichen des Herrn nicht publik machen wollte. Doch vermochte er es nicht so völlig zu verbergen, dass es wenigstens seinen vertrauten Gefährten offenbar wurde.

Liebe zu und Sehnsucht nach Gott machen Franziskus zum ersten Stigmatisierten der Religionsgeschichte. Gott will ihn herausheben. Leid als Auszeichnung. Leidenszeichen als Schmuck. Als Liebes-Zeichen. Und die Bescheidenheit des Franziskus macht diesen Vorgang glaubhaft.

Seine Gotteserfahrung hier am La Verna ist ein Zeichen der Liebe.

Stigmatisiert	Stigmatisiert	Stigmatisiert
gezeichnet	IHM, Jesus, gleich	Zeichen an sich
ausgegrenzt	sein	tragen
eingegrenzt	verbergen	Zeichen in sich
	annehmen	tragen
		Zeichen der Liebe

C ABENDIMPULS

Alle Mystik ist ein Transzendieren und ein Ablösen von irgendeinem Gegenstande, den man hinter sich zu lassen glaubt.

Wir haben das Ablösen vielleicht am eigenen Leib gespürt im mystischen Wald am La Verna.

Wir können das Transzendieren bei Franziskus zu einem zweiten Christus hier verorten und doch nie begreifen.

Wir müssen es auch nicht begreifen. Hier müssen wir glauben. Hier können wir staunen.

Legen wir unsere Gedanken in das folgende kurze Gebet:

Guter Gott, ich danke dir für die Erfahrungen des heutigen Tages! Mach mich empfänglich für die Wunder deiner Liebe, wie du es an Franziskus hier in der Stigmatisation gezeigt hast, wie du es aber auch täglich an mir tust, indem du bei mir bist und mich trägst. Lass mich immer darauf vertrauen und wache nun auch über meinen Schlaf, damit ich morgen mit neuer Kraft und neuem Mut erwache! Amen.

7. La Verna - Caprese Michelangelo: ABSCHIED

A MORGENIMPULS

Unser Motto speist sich heute aus unserem eigenen Abschied vom Berg La Verna, vor allem aber auch vom endgültigen Abschied des Franziskus von dort. Diesen erlebte er ganz bewusst und sympathisch emotional und tränenreich mit den letzten Blicken von der Eremo La Casella aus, an der wir heute vorbeikommen werden.

Unser Impuls, der sich wegen seiner Rhythmik auch gut als Mantra eignet, stammt heute aus dem Brief des Br. Massäus, der den Abschied des Franziskus vom La Verna beschreibt, und gibt die Worte des Heiligen wieder:

LEBE WOHL, BERG LA VERNA! LEBE WOHL, BERG DER ENGEL!
WIR SEHEN UNS NIE WIEDER.

B UNTERWEGS

Eremo La Casella

Im Brief des Massäus heißt es nach den Abschiedsworten an die Brüder, denen La Verna anvertraut wird, dann weiter:

Während unser lieber Vater solche Worte sprach, vergossen unsere Augen Ströme von Tränen, so dass auch er weinte, als er von dannen zog. Unsere Herzen gingen ihm nach, während wir als Waisenkinder zurückblieben nach dem Verlust eines solchen Vaters.

Und hier oben, auf dem gegenüberliegenden Berg, lokalisiert die Legende den Ort, wo Franziskus sich dann von seinem so wichtigen Lieblingsberg verabschiedete, ebenfalls unter Tränen und im Bewusstsein der Endgültigkeit.

37

Wir alle kennen das. Abschiednehmen von Menschen, die einem etwas bedeuten, aber auch von liebgewonnenen und für die eigene Biografie bedeutenden Plätzen gehört zu den schwierigsten und traurigsten Momenten im Leben.

Denken wir hier zurück an die Abschiede in unserem Leben. Gehen wir dabei gedanklich in unsere Kindheit. Wann habe ich zum ersten Mal einen schmerzhaften Abschied bewusst erlebt? Bei einem Umzug eines befreundeten Kindergartenkindes, beim Verlust eines Haustieres, beim Tod eines (Ur-) Großelternteils?

Welche Verluste hatte ich in meiner Jugend zu verkraften? Die erste große Liebe? Eine/n beste/n Freund/in, der/die sich plötzlich so ganz anders entwickelte? Das Auseinandergehen der Klassengemeinschaft nach dem Schulabschluss?

Und als Erwachsener – welche Verluste musste ich beweinen? Den des Arbeitsplatzes? Die Trennung vom Lebenspartner? Todesfälle in der Familie oder im Freundeskreis?

Was hat mich dabei getröstet und mich weiterleben lassen? Welche Menschen haben mir dabei geholfen? Welche Abschiede bewerte ich im Nachhinein vielleicht sogar als positiv für meine weitere Entwicklung? An welchen leide ich noch immer?

Es kann durchaus heilsam sein, bei den Gedanken zurück in die eigene Vergangenheit auch Emotionen und Tränen zuzulassen. Hier oben sieht sie keiner.

Wichtig ist aber, danach das Vergangene ruhen zu lassen, und sich weiter auf den Weg zu machen.

Dabei kann ein Abschiedsritual helfen: Wir suchen auf dem Plateau ein paar Blumen oder lange Gräser, binden oder flechten sie zusammen und legen sie entweder an das große Kreuz oder zum Altar der Kapelle.

Damit übergeben wir Gott unsere Trauer, unsere Tränen und unseren ganz eigenen Abschiedsschmerz. Ein frei formuliertes, persönliches Gebet oder auch ein Vater Unser ist dabei auch sehr hilfreich.

C ABENDIMPULS

Lebe wohl, Berg La Verna! Lebe wohl, Berg der Engel! Wir sehen uns nie wieder.

Der Berg des Monte Foresto liegt nun zwischen uns und dem La Verna, der uns heute noch beschäftigt hat und den wir morgen dann wirklich zum letzten Mal bei Rückblicken sehen werden.

Und unsere eigenen Abschiedsgeschichten liegen oben bei der La Casella.

Das Thema ist damit zu Ende. Und doch ist es das nie so ganz. Im Grunde verabschieden wir uns beim Pilgern ja ständig. Nie kehren wir dahin zurück, wohin wir am Vortag unter zum Teil ja großen Mühen gekommen sind, wo es uns vielleicht gut gefallen hat, wo wir angenehme Menschen getroffen haben. Es geht immer weiter. Das ist nicht immer schön, aber notwendig. Sonst erreichen wir unser Ziel nicht.

Legen wir unsere Gedanken in das folgende kurze Gebet:

Guter Gott, Abschiede prägen mein Leben. Ich habe sie dir heute hingehalten und anvertraut: meine persönlichen Verluste und besonders meine lieben Verstorbenen. Schenk mir die Gewissheit, dass sie bei dir geborgen sind, und gib mir Trost und Kraft auf meinem Lebensweg. Lass mich morgen mit neuem Mut erwachen – und in Vorfreude auf einen schönen Pilgertag! Amen.

8. Caprese – Sansepolcro: RUHM

A MORGENIMPULS

Unser Motto speist sich heute daher, dass wir ja gerade in einem Städtchen übernachtet haben, das aus lauter Begeisterung über den Ruhm eines ihrer Söhne, des großen Michelangelo Buonaroti, gleich einen Doppelnamen führt. Unser Weg führt uns heute auch am berühmten Tiber entlang. Abends in Sansepolcro, ebenfalls einer Heimat berühmter Männer von Piero della Francesca bis Buitoni, können wir einen den so ganz anderen Umgang mit Ruhm bedenken, nämlich den des Franziskus – wie er auf dem Gipfel seiner Popularität darauf reagierte.

Unser Impuls stammt aus dem alten Rom, also dem „Ziel" des Tiber, vom Dichter Livius:

WER EITLEN RUHM VERACHTET, WIRD WAHREN ERNTEN.

B UNTERWEGS

Am Tiber

Ruhm wird definiert als etwas Reaktives: Sehr viele Menschen kennen und schätzen eine Person oder Sache aufgrund ihrer bedeutenden Leistung. Dadurch wird diese Person oder Sache berühmt.

Ruhm kann demnach nicht von einer Person allein einfach so generiert werden, es braucht die Begeisterung der anderen.

In unserer Zeit, in der so viele Casting-Shows oder ähnliche Talentwettbewerbe medial vermarktet werden, ist das schon interessant. In diesem Zusammenhang hört man ja oft, dass jemand „aufgebaut" oder „gepusht" wird. Das mag sein, entscheidend für einen Durchbruch oder gar Ruhm ist jedoch das Interesse der Menschen. Dass auch dieses heutzutage ungeheuer manipuliert wird und dadurch tatsächlich Hypes entstehen können, ist schon richtig. Aber ist das Ruhm? Dauerhafter Ruhm? Eher nicht.

Dieser kommt nicht einfach über Nacht. Den muss man sich dauerhaft erarbeiten, auch durch schwere Zeiten, auch abseits der Scheinwerfer.

Die andere Seite der Medaille ist, dass wir alle gern ruhmreiche Menschen kennen. Von Kindheit an hören wir begeistert von Helden der Antike, von großen Männern und Frauen der Geschichte, der Kunst, der Musik. Wir suchen nach Vorbildern, nach Identifikationsfiguren – nach Menschen, die es irgendwie geschafft haben, sich auf einem Niveau bewegen, das wir vielleicht auch gern hätten, das wir aber wohl kaum erreichen werden.

So ging es auch den Menschen in Sansepolcro, als der stigmatisierte Franziskus einst hier vorbeikam. Seine Biografen Thomas von Celano und Bonaventura berichten übereinstimmend, dass der Heilige, wegen seiner Wundmale auf einem Esel reitend, den Marktflecken durchquerte. Scharen von Menschen kamen herbei, und aus lauter Verehrung und dem Wunsch, ihn zu berühren, verursachten sie ein großes Stoßen und Drängen um ihn. Franziskus aber war so sehr in der Betrachtung zu Gott entrückt, dass er nichts von all dem vernahm, was um ihn geschah oder gesprochen wurde, so sehr man ihn auch berührte, festhielt und an ihm zerrte. Er merkte nicht einmal, dass er durch Sansepolcro gekommen war, da er später seine Gefährten danach fragte, wann sie denn dorthin kämen.

Es hatte sich halt doch herumgesprochen. Hier kommt jemand, der etwas Besonderes ist. Ein Heiliger.

Aber der kann mit diesem Ruhm nichts anfangen. Er will ihn nicht. Er fällt in eine Art Starre, in Trance und lässt das Treiben nicht an sich heran, so nah ihm auch die Menschen kommen.

Das war für die Fans von damals sicher seltsam. Für uns heute vielleicht auch. Dass einer es nicht genießt, geliebt und verehrt zu werden. Dass er es sogar ablehnt.

Warum er das tut? Er hat eine Alternative, die ihm mehr bedeutet: Er „beamt" sich lieber weg zu Gott. Es ist seine Liebesgeschichte mit ihm, und die Menschen ringsum geht das eigentlich nichts an. Zu privat.

Die Privatsphäre zu schützen ist eine große Kunst, wenn man berühmt ist. Franziskus beherrscht sie. Er weiß, was wichtiger ist als Ruhm.

C ABENDIMPULS

Wer eitlen Ruhm verachtet, wird wahren ernten.

Das antike Zitat von Livius kannte Franziskus wahrscheinlich nicht. Aber die Grundaussage war ihm spätestens nach seiner Umkehr klar. Was er zuvor erstrebt hatte, Ritterehren, Reichtum oder Kriegsglück, das alles war eitler Ruhm. Der wahre Ruhm liegt woanders.

Wo liegt er für mich?

Worin?

Wo ziehe ich die Grenze zwischen „eitel" und „wahr"?

Legen wir unsere Gedanken in das folgende kurze Gebet:

Guter Gott, ich strebe oft nach Dingen, die unrealistisch sind oder die mich langfristig auch nicht glücklich machen. Auch lasse ich mich oft von Dingen oder Strömungen begeistern, die das nicht wert sind. Schenke mir Gelassenheit, mach mein Herz frei von der Jagd nach falschem Ruhm und Ehre, von Eitelkeit und auch dem Nachjagen gerade angesagter Moden. Lass mich morgen mit neuem Mut und neuer Kraft erwachen – und in Vorfreude auf einen schönen Pilgertag! Amen.

9. Sansepolchro - Citta di Castello: OFFENHEIT

A MORGENIMPULS

Unser Motto speist sich heute aus einer Episode im Leben des Franziskus, die sich bei unserem spirituellen Höhepunkt des Tages, dem alten Kloster Montecasale, zugetragen hat. Zum anderen passt Offenheit auch zum Charakter der Strecke, die sich danach die meiste Zeit auf das offene Tibertal hin bewegt.

Als Pilger ist man, sind wir zwangsläufig aufgeschlossen. Schon allein das Pilgern an sich zeigt Offenheit, Neugier auf das Unbekannte, das hinter jeder Wegbiegung auf uns warten kann, Aufgeschlossenheit Land und Leuten gegenüber. Verschlossene Menschen würden nicht pilgern, das Wagnis, die Unsicherheit des Unbekannten wären zu groß. Wir erfahren an vielen Stellen, dass Menschen, ob andere Pilger oder Einheimische, offen auf uns zugehen.

Unser Impuls kommt heute von einer mittelalterlichen Mystikerin aus Deutschland, Mechthild von Magdeburg, die sich fragte: „Wie sollte man leben?" und darauf selbst die weite Antwort gab: „In lebendiger Offenheit gegenüber allen." Darauf kann sich ein rhythmisches Mantra ergeben:

LEBENDIGE OFFENHEIT ALLEN GEGENÜBER.

B UNTERWEGS

Kloster Montecasale

Einige zeitlich nahe Biografien über Franziskus berichten, dass in Montecasale manchmal Räuber um Brot baten, die in den Wäldern durchziehende Reisende ausplünderten.

45

Einige Brüder sagten, es sei nicht gut, ihnen Almosen zu geben, und der Guardian, also der Vorsteher des Klosters, jagte die Räuber sogar unter Beschimpfungen fort. Als Franziskus davon hörte, sagte er zu ihnen, besonders aber zum Guardian: „Gerade die Kranken brauchen den Arzt, ebenso brauchen die Sünder unsere und Gottes Barmherzigkeit. Wenn ihr tut, was ich euch sagen werde, vertraue ich auf den Herrn, dass ihr ihre Seelen gewinnen werdet. Geht also, besorgt gutes Brot und guten Wein und bringt es ihnen in den Wald, wo sie sich aufhalten. Dann ruft sie, breitet ein Tischtuch auf der Erde aus, stellt darauf Brot und Wein, entschuldigt euch für eure Grobheit und dient ihnen demütig und fröhlich, solange sie essen wollen. Nach der Mahlzeit aber richtet an sie um der Liebe Gottes willen diese erste Bitte: sie möchten euch versprechen, niemanden zu erschlagen noch irgendeiner Person Böses anzutun. Wenn ihr nämlich alles auf einmal erbätet, dann würden sie nicht auf euch hören. Aber dies werden sie euch sofort versprechen. Am nächsten Tag aber bringt ihnen wegen des guten Versprechens auch Eier und Käse und bedient sie, solange sie essen. Nach der Mahlzeit sagt dann zu ihnen: „Warum tut ihr so viel Böses? Dadurch verliert ihr eure Seelen, wenn ihr euch nicht zum Herrn bekehrt. Besser ist es, dass ihr dem Herrn dient, und er wird euch das Notwendige für den Leib geben und am Ende eure Seelen retten." Daraufhin wird der Herr ihnen eingeben, dass sie sich wegen eurer Demut und Liebe, die ihr ihnen erweist, bekehren." Der Guardian und die Brüder taten alles, wie es ihnen der selige Franziskus sagte, und durch die Gnade und Barmherzigkeit Gottes hörten die Räuber auf sie und befolgten Punkt für Punkt alles, was die Brüder von ihnen erbaten. Ja, wegen der Demut und Herzlichkeit der Brüder ihnen gegenüber begannen auch sie, den Brüdern demütig zu dienen, indem sie diese auf ihren Schultern zur Einsiedelei zurück trugen. Einige von ihnen traten dann schließlich in den Orden ein. Die anderen aber bekannten ihre Sünden, taten

Buße für das, was sie begangen hatten, und gelobten, sie wollten in Zukunft von ihrer Hände Arbeit leben.

Franziskus lehrt hier Offenheit auch gegenüber potentiellen Feinden, denen gegenüber, die bekanntermaßen schlecht sind und Böses tun. Das ist schon ungeheuerlich.

Offenheit macht verletzlich, aber durch die schutzlose Offenheit ist die feindliche Gesinnung des Gegenübers nicht mehr nötig – es gibt nichts mehr zu bekämpfen. Offenheit entwaffnet. Der nächste Schritt ist der Schritt aufeinander zu.

Das wirkt. Auch wegen der pädagogischen Raffinesse des Franziskus, der genau weiß, dass hier ein langsames Vorgehen Sinn macht, keine schnelle Überrumpelung oder ein optimistisch-naives Anspruchsdenken.

Aber auch wegen der Folgsamkeit der Brüder, denen diese Schritte sicher nicht leicht fielen, die sie auf die Räuber zu machen sollten.

Und nicht zuletzt wegen der Gnade Gottes, auf die Franziskus vertraut. Der seine Brüder auch vertrauen. Der wir auch vertrauen sollten.

Denn dann könnten wir vertrauensvoll und in lebendiger Offenheit auf jeden Menschen zugehen. Und ihn im Notfall dadurch auch entwaffnen.

C ABENDIMPULS

Lebendige Offenheit allen gegenüber.

Offenheit allen gegenüber ist lebendig. Macht lebendig. Ermöglicht Leben. Das haben wir in der Geschichte von Montecasale erfahren – und vielleicht auch heute auf unserem Weg.

Das „allen gegenüber" hat uns vielleicht zunächst erschreckt. Schließlich sind uns nicht alle Menschen sympathisch, und manchmal lässt uns eine innere Stimme vorsichtig oder auch misstrauisch sein. Das ist vermutlich genauso oft berechtigt wie unberechtigt.

Welche Situationen in meinem Leben kommen mir da in den Sinn?

Legen wir unsere Gedanken in das folgende kurze Gebet:

Guter Gott, ich danke dir für diesen Pilgertag hinein in die Offenheit des Franziskus und über der Weite des Tibertals! Lass mein Herz weiter aufgeschlossen sein für alles, was mich erwartet, und lass mich mehr und mehr vertrauen, dass dies alles gut ist. Wache nun über meinen Schlaf und lass mich morgen mit neuer Kraft und neuem Mut erwachen! Amen.

A MORGENIMPULS

Unser Motto speist sich heute aus der Erfahrung, die wir nach dem Verlassen unseres Startortes eigentlich den ganzen Tag machen werden. Es geht ohne jedes auf dem Weg liegende Dorf dahin, nur durch die Natur, und schon das Auftauchen eines einzelnen Hauses ist da schon eine Sensation. Da stellt sich ein eher seltenes Gefühl ein, das des Allein-Seins, der Einsamkeit. Unser reizüberfluteter Alltag, unser Vernetzt-Sein, unsere Kontaktvielfalt – all das wird hier konterkariert. Wir erleben das vielleicht negativ, indem wir uns einsam und allein fühlen, alleingelassen. Oder aber positiv, indem wir bewusst diesen Unterschied zu unserer so anderen Alltags-welt spüren.

Wir wollen das Thema aber auch unter dem Aspekt der inner-lichen Einsamkeit bedenken. In Pieve dei Saddi begegnen wir ja einem frühchristlichen, gut bezeugten Märtyrer und können daher auch ein wenig nachspüren, wie sich Menschen mit einer speziellen Überzeugung fühlen, die von ihrer Umge-bung deswegen gemieden oder verfolgt werden. Das ist eine sicher zunächst eindeutig negative Form des Alleingelassen-Seins. Nur starke Persönlichkeiten können dies in eine für sie positive Richtung umkehren und für sich, für ihre Innerlichkeit nutzen.

Unser Impuls von Leonardo da Vinci (1452 - 1519), den man auch so verstehen kann, eignet sich wieder gut als Mantra:

UND WENN DU ALLEIN SEIN WIRST, WIRST DU GANZ DEIN SEIN.

B UNTERWEGS

Pieve dei Saddi

Hier begegnen wir Crescentinus, einem Heiligen, dessen Lebensdaten für Franziskus etwa genauso weit entfernt waren wie seine für uns heute. Und doch gibt es eine Gemeinsamkeit zwischen beiden. Auch bei Crescentinus erzählen die Quellen, dass er aus einer vornehmen Familie stammte. Er war reich und machte Karriere als Soldat. Und wie knapp 1000 Jahre später bei Franziskus veränderte sich plötzlich sein Leben – er verteilte sein Vermögen an die Armen und widmete sein Leben Gott.

Hier enden die Gemeinsamkeiten: Crescentinus musste in den Christenverfolgungen unter Kaiser Diokletian aus seiner Heimat Rom fliehen und gelangte nach Umbrien. Er ließ sich hier als Einsiedler nieder. Seine Anwesenheit strahlte aus, so dass er für die Umgebung zu einer Gallionsfigur des jungen Christentums wurde. Doch im Jahr 287 erreichte ihn auch an diesem abgeschiedenen Ort die Verfolgung – er wurde gefangengenommen, gefoltert und enthauptet. Ob die anderen frühchristlichen Märtyrer Justinus, Griccivianus, Virianus, Orphitus, Exuperantius, Benedictus, Eutropius und Fortunatus seine Gefährten waren oder einfach auch Opfer dieser Verfolgungswelle, bleibt im Dunkel der Geschichte.

Einsamkeit resultierte bei Crescentinus wohl aus der Verfolgung, er war eher unfreiwillig hier in dieser abgeschiedenen Einöde.

Franziskus dagegen suchte immer wieder bewusst einsame Orte auf, um zu beten, Höhlen, Wälder, Einsiedeleien. Wie sein Biograf Julian von Speyer berichtet, ging er, *auch wenn er unter Menschen wohnte, (...) nachts allein zu verlassenen Kirchen oder Häusern.*

Verstanden wurden wohl beide von ihrer Umwelt nicht wirklich. Allein die Absage an ein Leben in Reichtum, mit besten Karriereaussichten und gesicherter Zukunft hinterließ bei ihren Zeitgenossen Kopfschütteln und Unverständnis, sogar Hass und Ablehnung.

Dem kann ein Mensch nur widerstehen, wenn er Einsamkeit aushält, wenn er es erträgt, sich auf sich selbst, in sich selbst zurückzuziehen. Nicht in einer Art autistischer Selbstgenügsamkeit, sondern im festen Glauben an seine Überzeugung. Diese kann dann durchaus wieder nach außen treten und wirken. Exerzitien oder andere Formen von Einkehrtagen greifen diese Sehnsucht auf. So ist Einsamkeit meist kein Zustand langer oder sogar unbegrenzter Dauer.

Für Säulenheilige oder andere Eremiten der christlichen Überlieferung trifft dies zwar nur beschränkt zu, aber auch bei ihnen kommt das Spezifikum des Christlichen hinzu: Auch ihr zurückgezogenes Leben wirkte nach außen hin. Solch besondere Lebensführung macht neugierig auf das, was dahinter steht. Auch so kann das Evangelium verkündet werden. Durch Einsamkeit.

Wenn wir das Einsam-Sein ein wenig nachvollziehen wollen, bietet sich der folgende Wegabschnitt bis in das Tal des Torrente Carpina an, da er von der Orientierung her einfach ist und man sich nicht konzentrieren muss. Schalten wir also alles aus, was uns ablenkt. Gehen wir allein und schweigend. Nehmen wir unseren Atem, uns selbst bewusst wahr. Und die wunderbare Einsamkeit, die uns umgibt.

C ABENDIMPULS

Und wenn du allein sein wirst, wirst du ganz dein sein.

Wie ist es mir ergangen auf dem Pilgerweg, besonders auf dem Teil der Stille? Natur pur, ohne besondere zivilisatorische Eingriffe. Habe ich sie genießen können?

Einen Tag lang nur gehen, nicht viel sehen, mit der Chance, ganz ruhig zu werden. Ist mir das gelungen? Habe ich Zeitlosigkeit im besten Sinne erlebt?

Was kann ich von diesem Tag der Meditation und Einsamkeit mitnehmen?

Legen wir unsere Gedanken in das folgende kurze Gebet:

Guter Gott, hinter mir liegt ein ungewöhnlicher Tag. Ich war lang unterwegs, aber ich habe nicht viel erlebt. Ich habe fast nur Grün gesehen, kaum Häuser. Ich konnte ruhig werden und meinen Alltag vergessen. Hilf mir, dass ich die Erfahrungen dieses Tages weiter in mir trage, besonders, wenn mir einmal alles zu viel wird. Segne meine Nachtruhe und lass mich morgen mit neuer Kraft erwachen – und in Vorfreude auf einen schönen Pilgertag! Amen.

A MORGENIMPULS

Unser Motto speist sich heute auch wieder aus dem Charakter der Etappe: Wieder erleben wir die Weite der Hügellandschaft und können unsere Blicke von den Höhen des Poggio del Prato in die Weite schweifen lassen. Danach wandern wir in das breite, weite Tal vor Gubbio.

Es tut uns gut, einen weiten Blick zu haben, Weitblick, Weitsicht – dadurch auch Einsicht? Dass dies nicht nur im konkreten Naturerleben so ist, sondern auch im übertragenen Sinn, können wir an unserem Impuls sehen, in dem Hildegard von Bingen (1098 - 1179) die geistige Weite mit Weisheit und dann auch mit Freude eng verbindet. Er ist auf dieser langen Etappe auch gut als Mantra geeignet.

DU FÜHRST MEINEN GEIST INS WEITE, WEHST WEISHEIT INS LEBEN UND MIT DER WEISHEIT DIE FREUDE.

B UNTERWEGS

Auf den Höhen des Poggio del Prato

Wir suchen das Weite. Diesen Satz verwenden wir normalerweise als Ausdruck dafür, dass wir flüchten, vor etwas davon laufen, uns entfernen von etwas, was uns unangenehm ist.

Wir suchen das Weite. Und finden es hier. Vor uns liegt Hügel an Hügel, soweit das Auge reicht, ein größeres Tal können wir vielleicht schon ausmachen. Nichts Markantes bindet die Aufmerksamkeit, der Blick bleibt nirgends hängen, er kann schweifen, wohin er will – er findet immer die Weite.

Das ist wohl ein grundlegend positiv besetzter Begriff, auch als Adjektiv. Wer ein weites Herz hat, dem kann man viel anvertrauen, der nimmt mich an, wie ich bin, der führt mich vielleicht allein durch sein Zuhören aus meiner Enge heraus und zeigt mir neue Perspektiven.

Im Psalm 18 schreibt König David über den Herrn, dass dieser ihm zur Stütze in aller Gefahr wurde, und fährt fort: „Er führte mich hinaus ins Weite." Dass Gott mich führt, wie auch Hildegard in unserem Impuls beschreibt, ist eine für uns als selbstbestimmte Menschen vielleicht schwierige Vorstellung. Aber er führt uns ja nicht auf irgendwelche Gleise oder in enge Gassen, sondern ins Weite – also hinaus auf (von mir noch) unbegangenen Wegen, hinaus in eine unbekannte Welt, dem Ziel entgegen, das für menschliche Augen (vielleicht) noch gar nicht erkennbar ist. Da bleibt genug Raum für unsere Entfaltung, für Begegnungen, für Ideen, für Individualität und Kreativität.

Weite führt auch vor Augen, wie das Größenverhältnis ist.

Vom Selbst zum Du und vom Mensch zu Gott. Auf diesem Weg werde ich die Chance haben, Gott im anderen zu begegnen. Weite ist also Offenheit und so auch eine Absage an engstirnigen Dogmatismus, an theologische Engführungen und an Scheuklappendenken. Wenn man einen Gott ernst nimmt, der in die Weite führt, aber dennoch bei einem bleibt, kann man aus diesem Bewusstsein nicht anders als selbst offen zu sein und niemanden auszuschließen. Ein bedenkenswerter Grundsatz für Gesellschaft und Kirche, aber auch für mich persönlich!

Franziskus hat diese Offenheit gelebt. Er hat niemanden ausgeschlossen. Seine Lebensform teilte er gern und mit allen, die sich dafür interessierten:

Auch mit Frauen – so dass Klara zunächst bei den Brüdern aufgenommen wurde. Inspiriert von Franziskus gründete sie den sogenannten „2. Orden".

Auch mit Verheirateten – so dass sogar Menschen, die seit jeher wegen ihres Lebensstandes von einer Ordenszugehörigkeit ausgeschlossen waren, franziskanisch, also nach seinem Ideal, leben konnten. Inspiriert von vielen Begegnungen, sicher aber besonders von der mit seiner römischen Freundin Jakoba di Settesoli, schrieb Franziskus auch für „weltliche" Menschen die Regel des „3. Ordens".

An Jakoba zeigt sich auch der sympathische Zug von Franziskus, niemals jemanden auszuschließen, auf eine sehr unkonventionelle Art und Weise. Damit sie Zugang zu ihm in der Klausur hatte, als er sterbend darniederlag, benannte er die römische Edelfrau kurzerhand in „Bruder Jakoba" um – und schon konnte sie die engen Grenzen der Klostermauern überwinden!

Viele Menschen habe vor solchen Gedanken, die ihre Grundlage in der Weite des Herzens haben, Angst und fürchten Spontanität ebenso wie Unbekanntes, Unsicheres oder Unvorbereitetes. Sie verwechseln dann oft Weite mit Grenzenlosigkeit. So entsteht Enge statt innerer Freiheit.

Schließen wir diese Überlegungen mit einem bekannten und hier gut passendem Wort von Papst Franziskus: „Mir ist eine „verbeulte" Kirche, die verletzt und beschmutzt ist, weil sie auf die Straßen hinausgegangen ist, lieber, als eine Kirche, die aufgrund ihrer Verschlossenheit und ihrer Bequemlichkeit, sich an die eigenen Sicherheiten zu klammern, krank ist." (Evangelii gaudium 49)

C ABENDIMPULS

Du führst meinen Geist ins Weite, wehst Weisheit ins Leben und mit der Weisheit die Freude.

Wir haben einen langen Weg hinter uns, der uns zuletzt in ein weites Tal geführt hat. Gedanken der Weite haben uns begleitet, vielleicht auch inspiriert, weise und freudvoll gemacht.

Wie haben wir dann die Stadt Gubbio mit ihren engen Gässchen erlebt? Haben wir die Einschränkung des Blickfeldes mit Trauer oder mit Freude zur Kenntnis genommen? Wurde uns bewusst, welches Geschenk die Freiheit beim Pilgern ist?

Wie sieht es mit meiner inneren Weite aus? Wo ertappe ich mich bei engstirnigen Gedanken? Welcher Lebensbereich ist für mich strikt geregelt? Warum ist das so? Ist das gut so oder möchte ich das ändern?

Legen wir unsere Gedanken in das folgende kurze Gebet:

Guter Gott, du begleitest uns Menschen ins Weite und lässt uns kreativ, offen und frei sein. Es liegt an uns, wie wir mit dieser Weite und Freiheit umgehen. Hilf mir dabei, sie so zu nutzen, dass deine Freundlichkeit und Güte, deine Gedanken von Offenheit und Freude auch durch mich ausstrahlen in die Welt! Lass mich morgen mit neuer Kraft erwachen – und in Vorfreude auf einen schönen Pilgertag! Amen.

12. Gubbio – Val di Chiascio: BRÜDERLICHKEIT

A MORGENIMPULS

Unser Motto speist sich heute aus der Geschichte, die mit Gubbio verbunden ist. Sie handelt von einer ungewohnten Haltung – vom Zugehen auf den Feind und einem Friedensschluss, der nur möglich ist, weil die Grundhaltung nicht Gewalt oder Überheblichkeit ist, sondern Brüderlichkeit. Franziskus geht ohne Waffen auf den Wolf zu, der Gubbio tyrannisierte. Er geht nicht dorthin, um das Untier zu verdammen oder zu vertreiben. Er geht zu der Bestie hin und nennt sie Bruder Wolf. Und wenn die Legende Recht hat, entwaffnet/e das. Mehr braucht es schon nicht, um Frieden zu schließen.

Der Friedensweg, der Sentiero della Pace, beginnt hier und führt uns nach Assisi. Begründet durch diese Geschichte, begründet durch Brüderlichkeit.

So begleitet uns heute dieser Grundsatz des Franz von Assisi als Impuls:

ALLE GEBILDE DER SCHÖPFUNG SIND KINDER DES EINEN VATERS UND DAHER BRÜDER UND SCHWESTERN.

B UNTERWEGS

Beim Kirchlein Santa Maria Vittorina

Lassen wir hier die Fioretti des hl. Franziskus in einer gekürzten Fassung unmittelbar zu uns sprechen:

Zu Lebzeiten des Franziskus lebte in der Umgebung der Stadt Gubbio ein Untier, ein Wolf, der von schreckhafter Größe und in seinem Hunger von so grimmiger Wildheit war, dass er alle Bürger in Angst versetzte, und alle gingen be-

58

waffnet, wenn sie die Stadtmauer verließen, als gelte es, einen gefährlichen Krieg zu führen. Da empfand der heilige Franz Mitleid mit den Leuten und beschloss, dem Wolf entgegenzutreten, und so schritt er unbewaffnet vor das Stadttor und ging dem Wolf ohne Furcht entgegen. Und siehe, angesichts der vielen Menschen, die von erhöhten Orten aus zuschauten, rannte der schreckliche Wolf auf den heiligen Franz zu; dann hielt er plötzlich inne, und der schaurig aufgesperrte Rachen schloss sich. Franz rief ihn her und sprach: „Komm zu mir, Bruder Wolf! Du bist ein Räuber und Mörder; was du dir herausnimmst, ist mehr als bloßer Mundraub, und deshalb würdest du verdienen, dass man dich dem Tod überliefert! Aber ich weiß sehr wohl, du tust alles Schlimme nur vom Hunger getrieben. Im Namen Christi befehle ich dir nun, weder mir noch sonst jemand etwas anzutun!" Da kam das Untier gesenkten Kopfes heran und legte sich gleich einem Lamme dem heiligen Franz zu Füßen. Wie er so vor ihm lag, sprach dieser zu ihm so: „Bruder Wolf, alle klagen mit Recht über dich. Aber jetzt will ich zwischen dir und den Leuten Frieden schließen." Da hob der Wolf die rechte Tatze und legte sie zutraulich in die Hand des heiligen Franz. Damit gab er ihm das Zeichen der Treue, so gut er's vermochte. Und er folgte dem heiligen Franz wie ein sanftes Lamm. Wie das die Leute sahen, waren sie aufs Höchste verwundert. Vor der zahlreichen Menge hielt der heilige Franz eine Predigt und schloss: „Ich verbürge mich für Bruder Wolf, dass er den Friedensvertrag getreulich achten wird." Da versprachen alle Versammelten, sie wollten fortan den Wolf ernähren. Und der Wolf lebte noch zwei Jahre und ließ sich von Tür zu Tür die Nahrung geben, ohne jemand ein Leid zu tun; und auch die Leute taten ihm nichts zu Leide und fütterten ihn freundlich. Und sonderbar, nie bellte ein Hund gegen ihn. Schließlich starb Bruder Wolf an Altersschwäche. Die Bürger Gubbios waren über seinen Tod sehr traurig.

In ihrer Angst wagen sich die Einwohner nur bewaffnet vor die Stadtmauer, ihrerseits den Wolf bedrohend. Der streift zähnefletschend durch die Gegend, Panik verbreitend. Angesichts dieser Lage gibt es nur ein Hier oder ein Dort - bis einer auf den verrückten Gedanken verfällt, die Waffen zu Hause zu lassen. Das eigentliche Wunder dieser Geschichte besteht also darin, dass ein Mensch erkennt, dass diese ganze irrsinnige Geschichte nur so lange dauern kann, solange sich alle an die Spielregeln halten.

Dabei tritt Franziskus energisch dem Wolf entgegen und nennt ihn Räuber und Mörder. Nichts wird verharmlost, nichts unter den Tisch gewischt, nichts unter den Teppich gekehrt. Aber Franziskus weiß sehr wohl, dass Bruder Wolf nur vom Hunger getrieben wird. Da schwingt Verständnis mit.

Wie aber kommt der Wolf dazu, sich zu ändern? Warum kann Franziskus offenbar als einziger unbewaffnet dem Wolf entgegentreten? Die Antwort auf beide Fragen ist die gleiche. Und sie liegt auf der Hand. Während der Erzähler wie auch die Bewohner Gubbios den Wolf als Untier bezeichnen, spricht Franz ihn als Bruder Wolf an! Übrigens eine Anrede, die der Erzähler ganz am Schluss selbst verwendet!

Konflikte sind unvermeidbar. Sie entstehen im privaten Leben und im öffentlichen Bereich. Mauern sind schnell errichtet, die Waffen leicht zur Hand. Im Grunde hat man dann nur die Wahl zwischen dem Gleichgewicht der Kräfte und dem Wagnis des Vertrauens. Wer auf Letzteres setzt, kommt nicht darum herum, den ersten Schritt zu tun. Das gelingt wohl nur, wenn man selbst im Gegner und in der Feindin den Bruder oder die Schwester sieht. Und nicht, wenn man Angst schürt und (imaginäre) Mauern baut.

C ABENDIMPULS

Alle Gebilde der Schöpfung sind Kinder des einen Vaters und daher Brüder und Schwestern.

Dieser Satz birgt Sprengstoff und kann polarisieren. Er kann von militanten Veganern ebenso vor sich hergetragen werden wie von Naturschützern oder Pazifisten. Und gegen andere verwendet werden, die anders denken.

Das will der Satz bestimmt nicht. Denn ein solches Denken widerspricht der Geschwisterlichkeit, der Quintessenz, einander als Geschwister zu begreifen und anzunehmen.

In seiner diesbezüglichen Radikalität ist er wohl eine Anfrage an uns alle, vielleicht sogar eine Zumutung. Wie geht es mir damit?

Legen wir unsere Gedanken in das folgende kurze Gebet:

Guter Gott, Franziskus konnte alles in deiner Schöpfung lieben und brüderlich achten. Er fordert uns damit heraus. Lass mich ein wenig von dieser Haltung erspüren und in mein Leben integrieren – im Umgang mit der Natur, aber auch mit meinen Mitmenschen, besonders mit denen, die mir unsympathisch sind oder mir negativ gegenüber stehen. Hilf mir, in ihnen Bruder und Schwester zu sehen. Lass mich gut schlafen und morgen mit neuem Mut erwachen – und in Vorfreude auf einen schönen Pilgertag! Amen.

13. Val di Chiascio – Valfabbrica: FRIEDE

A MORGENIMPULS

Unser Motto speist sich heute aus dem speziellen Namen unseres gestern begonnenen und bis morgen währenden Teilstückes des Franziskusweges: Sentiero della pace – Weg des Friedens.

Der Friedensschluss mit dem Wolf von Gubbio, den wir gestern gelesen haben, ist sicher die Hauptursache für diese Namensgebung. Aber zwischen Gubbio und Assisi gibt es noch andere Geschichten aus dem Leben des Franziskus, die Bezüge zum Thema haben.

Gleich in nächster Nähe zu unserem Quartier befindet sich die alte Abtei Vallingegno, die von Franziskus aufgesucht wurde, als er vor seinem Vater floh. Der Abt von Vallingegno sah in dem jungen Erwachsenen einen Herumtreiber und ließ ihn als Küchenjungen arbeiten. Später, als Franziskus als Ordensgründer einen Namen hatte, bereute er dies – und Franziskus schenkte ihm von Herzen Vergebung. Auch wieder ein Akt des Friedens.

Unser Impuls stammt einmal mehr von Franziskus, es ist ein Teil der vorletzten Strophe des Sonnengesangs:

GELOBT SEIST DU, MEIN HERR, DURCH DIEJENIGEN, DIE VERZEIHEN – SELIG SIND DIEJENIGEN, DIE IN FRIEDEN AUSHARREN!

B UNTERWEGS

Etwa in der Etappenmitte unterwegs, vielleicht bei Biscina

In dieser wunderschönen Gegend also war Franziskus öfter. Beim ersten Mal, das bekannt ist, flieht er aus dem Eltern-
62

haus in die Gegend von Gubbio. Er rennt vor einem Konflikt davon, vor einer fundamentalen Auseinandersetzung mit seinem Vater. Der hat so ganz andere Pläne wie er. Und bis vor kurzem hat Franziskus diese auch geteilt. Das ist Konfliktpotential, und in sehr vielen Familien wird so etwas bekannt sein, wenn sich ein Kind plötzlich, beispielsweise in der Pubertät, so ganz anders entwickelt als erhofft. Franziskus verschenkt die zum Verkauf bestimmten Stoffe einfach und steckt all sein Geld in die Renovierung von S. Damiano. Pietro Bernadone, sein Vater, hat radikale Methoden, um das missratene Kind zu bändigen: Er sperrt ihn ein. Mutter Pica hat Mitleid und befreit ihn. Eine typische Rollenverteilung – der strenge Vater, die barmherzige Mutter. Und der Sohn, der nun flieht.

Friede ist damit nicht passiert. Eher Konfliktvermeidung.

Einem Streit, einer Auseinandersetzung aus dem Weg zu gehen, ob im Beruf, in der Partnerschaft, in Freundschaften oder Familien – das wird oft als „Friede" betrachtet. Formeln wie „um des lieben Friedens willen" kennen wir alle. Doch dieser liebe Frieden ist ein fauler Frieden. Unterschwellig gärt das Konfliktpotential, und irgendwann muss es „raus".

Irgendwann sieht das auch der junge Franziskus und geht zurück nach Assisi, wo er vermutlich auf Versöhnung mit seinem Vater hofft. Der Vater ist jedoch nicht zu einer konstruktiven Auseinandersetzung bereit. Er fühlt sich verraten, ist enttäuscht und will befehlen. Nur dies funktioniert nicht, da Franziskus erkennen muss, dass seinem Vater das Geld den Blick auf das Wesentliche verstellt und den Weg zur Versöhnung verwehrt. Der Konflikt eskaliert und endet mit der spektakulär öffentlichen Lossagung vom Vater, die Biograf Thomas von Celano so wiedergibt: *„Von nun an will ich frei sagen: Vater unser, der du bist im Himmel, nicht mehr: Vater Pietro di Bernardone, dem ich nicht nur – schaut her! – sein*

63

Geld zurückerstatte, sondern auch alle meine Kleider. So werde ich nackt dem Herrn entgegen gehen!"

Ein harter Schnitt, ein Bruch, der Franziskus bestimmt zu schaffen machte. Seinen Eltern bestimmt auch. In den Biografien ist nie die Rede von einer Versöhnung mit der Familie. Wenn wir unseren Tagesimpuls betrachten, den Franziskus zur Aussöhnung von Bischof und Bürgermeister von Assisi kurz vor seinem Tod dem Sonnengesang hinzufügte, wirkt das unverständlich. Sollte Franziskus, der es verstand, die Bewohner Gubbios mit dem Wolf zu versöhnen, selbst in seinem Leben diesen gravierenden Bruch unversöhnt stehen gelassen haben? Wir wissen es nicht.

Wir können heute aber auf diesem längsten Abschnitt des Sentiero della Pace in uns selbst hören:

Gibt es einen Bruch in meinem Leben, der vielleicht schon lang auf Versöhnung wartet? Warum geschieht diese nicht? Worauf wartet sie? Worauf warte ich?

Vielleicht kann ich heute Abend einen Brief, eine SMS, eine andere Nachricht an jemanden schreiben und losschicken, der vielleicht schon lange auf meinen ersten Schritt wartet.

Lassen wir uns auf dieser zweiten Hälfte der Etappe Zeit und Raum, darüber nachzudenken!

C ABENDIMPULS

Gelobt seist du, mein Herr, durch diejenigen, die verzeihen – selig sind diejenigen, die in Frieden ausharren!

Ist mir jemand eingefallen, der auf Vergebung wartet? Was hält mich vom ersten Schritt ab? Stolz, Unsicherheit, Angst? Oder warte ich auf ein Wort der Vergebung durch eine andere Person? Kann ich vielleicht auch hier einen ersten Schritt machen, auch wenn dieser eigentlich die Sache des/der anderen wäre?

Damit Friede wird. Nicht um des lieben Friedens willen. Sondern damit Friede wird in mir.

Legen wir unsere Gedanken in das folgende kurze Gebet:

Guter Gott, ich suche nach Wegen der Versöhnung, nach einem Leben in Frieden. Es gelingt mir so oft nicht. Kompromisslosigkeit, Stolz, Eigensinn, Rechthaberei, Verletztheit und Wut verhindern das Ausstrecken der Hand zum anderen hin. Ich stelle nun das Wissen um meine Unzulänglichkeit vor dir hin. Verwandle es in das richtige Gespür, den Frieden zu suchen! Lass mich morgen mit neuem Mut erwachen – und in Vorfreude auf einen schönen Pilgertag bis nach Assisi! Amen.

A MORGENIMPULS

Unser Motto speist sich heute daraus, dass wir den Mittelpunkt des Franziskusweges erreichen, der für viele auch das Ziel ist: Assisi, die Stadt des Heiligen. Selbst wenn wir dann nach zwei Tagen nach Rom weiterpilgern, ist Assisi mehr als eine Übernachtungsstelle, mehr als ein Etappenziel. Es ist der Mittelpunkt des Lebens und Wirkens von Franziskus, undenkbar ohne ihn, er aber wohl auch undenkbar ohne dieses alte Städtchen am Berghang, ohne die lieblichen rosaweißen Fassaden der Häuser, die stolzen mittelalterlichen Paläste, die ehrwürdigen Kirchen.

Ziel muss auch nicht immer den Charakter von Ende haben, es gibt auch Zwischenziele, auch in unserem Leben. Wichtig ist jedoch, immer ein Ziel vor Augen zu haben. Ob wie bei uns heute einen konkreten Ziel-Ort oder im übertragenen Sinn ein Ziel, das wir im Leben oder in den nächsten Jahren anstreben, beruflich oder privat – es ist etwas wert, ein Ziel zu verfolgen.

Das sagt auch unser heutiger Impuls, der von G.E. Lessing stammt:

DER LANGSAMSTE, DER SEIN ZIEL NICHT AUS DEN AUGEN VERLIERT, GEHT NOCH IMMER GESCHWINDER ALS JENER, DER OHNE ZIEL UMHERIRRT.

B UNTERWEGS

In Sichtweite von S. Francesco, also ab dem Friedhof von Pieve S. Nicolo

66

Nun ist der Blick darauf frei, es ist nicht mehr weit, wir können es sehen und beim Darauf-Zulaufen von Kilometer zu Kilometer merken, dass die Kirche immer größer wird: die Basilika S. Francesco in Assisi. Unser Ziel, unser Mittelpunkt der Pilgerreise. Das Grab des Franziskus. Sehnsuchts- und Pilgerziel nicht nur von uns, sondern auch von Kunstliebhabern und Millionen Touristen. Für diese stehen die Fresken Giottos im Zentrum des Interesses, vielleicht noch das Abbild des Franziskus in der Unterkirche von Cimabue oder die von Simone Martini ausgeschmückten Kapellen dort. Farbenfrohe und prächtige Zeugnisse mittelalterlicher Kunst, einzigartig und herausragend.

Darunter, in der Krypta, liegt unser Ziel. Kein Bild lenkt hier ab, schlichter Stein kleidet die Räume aus – und im Zentrum der lateinischen Kreuzform steht auf natürlichem Felsen und umspannt von Eisenspangen der Sarg des Franziskus. Hier liegt er begraben, dem der Rummel und der Reichtum über seinem Grab vermutlich kein Grund zur Freude wäre.

Der sicher ein anderes Ziel hatte als hier zur Touristenattraktion zu werden.

Der nur arm, keusch und gehorsam Christus lieben wollte. Das war sein Ziel.

Und was ist unseres? Mal abgesehen vom Erreichen Assisis heute, von angestrebten Karriereplänen oder anderen Träumen, um deren Verwirklichung wir uns bemühen. Was ist unser Ziel?

Paulus deutet es im Philipperbrief an, dass auch er noch auf dem Weg ist, dass er aber den „Siegespreis" klar vor Augen hat: das ewige Leben, seine Berufung in den Himmel durch den Glauben an Jesus Christus. (Phil 3,14). Im Römerbrief ist diese Berufung etwas konkreter geschildert – und lässt wieder einmal sehr an Franziskus denken: Ziel ist es, dem Bild des Sohnes Gottes gleichgestaltet („conformes") zu werden. Das lateinische Wort lässt uns vielleicht stutzen, da wir konform vielleicht in negativem Kontext kennen als angepasstes Sich-Gleich-Machen.

Was mit dem Begriff hier gemeint ist, kann auch nicht die verengte Sicht sein, bei der die Stigmatisation die ausschlaggebende Rolle spielt. Natürlich fällt uns diese hier spontan ein: Franziskus war so von Gott ergriffen, dass er Jesus auch in diesem Punkt ähnlich wurde. Aber eine Art Gütesiegel wäre ein falsches Verständnis.

Christus ähnlich werden bedeutet vielmehr viel mehr, und zwar viel mehr Innerliches als dieses äußere Zeichen – arm und bedürfnislos werden, verbunden mit der Schöpfung und den Mitmenschen leben, glauben und Gott vertrauen, hoffen und Hoffnung schenken, an der Zukunft bauen, beten und vor allem lieben.

Ziele genug. Ob wir sie jemals erreichen?

C ABENDIMPULS

Der Langsamste, der sein Ziel nicht aus den Augen verliert, geht noch immer geschwinder als jener, der ohne Ziel umherirrt.

Wir sind angekommen, sind nicht umhergeirrt, haben unser Tagesziel nicht aus den Augen verloren. Wir waren an einem der Ziele des Franziskusweges, am Grab des Heiligen. Vielleicht haben wir über unser Lebensziel nachgedacht, wollen es jetzt auch noch einmal tun.

Was strebe ich an? Wonach? Und warum?

Was erhoffe ich für die nächsten Tage, Wochen, Monate, Jahre?

Wo liegt das Ziel meines Lebens? Gibt es ein Ziel über mein Leben hinaus?

Legen wir unsere Gedanken in das folgende kurze Gebet:

Guter Gott, ich habe heute mein Ziel erreicht, ich bin im wunderschönen Assisi angekommen und spüre den Geist, der hier zuhause ist. Dieser Geist inspirierte Franziskus und Klara zu einem Leben mit dem Ziel, ganz für dich da zu sein. Lass auch mich spüren, wie ich deinen Auftrag an mich erfüllen kann, um einst das Ziel meines Lebens zu erreichen! Wache nun über meinen Schlaf und lass mich morgen mit neuer Kraft erwachen! Amen.

Ein Buch mit Impulsen für Pilger auf den Spuren des Franziskus wäre unvollständig, ohne auch in seiner Geburtsstadt ein wenig unterwegs zu sein und an den Stätten seines Lebens zu verweilen. Die Basilika S. Francesco gehört nicht dazu, da sie ja erst nach seinem Tod errichtet wurde. Für sie empfehlen wir eine kundige Führung durch Br. Thomas Freidel OFMConv., Tel.: +39 075 8190029, Mobil: +39 3922 831099, assisi@franziskaner-minoriten.de.

Wir beginnen unseren Rundgang am Ort des Vaterhauses von Franziskus, an der **Chiesa Nuova**. Hier finden wir das Statuenpaar von Pica und Pietro Bernadone, den Eltern von Franziskus. Die Kette weist uns gleich auf eine Begebenheit hin, die hier stattfand. Franziskus, der hier geboren und aufgewachsen war, hatte den Ruf Gottes vom Kreuz in S. Damiano vernommen und änderte sein Leben. Dies blieb nicht ohne Folgen, wie die Dreigefährtenlegende berichtet:

Bei seinem Anblick machten ihm jene, die ihn von früher kannten, erbärmlich harte Vorwürfe, nannten ihn laut einen Narren und Verrückten und bewarfen ihn mit Dreck und Steinen. Sie sahen, wie sich sein früheres Benehmen verändert hatte, wie er ganz abgezehrt war, und schrieben sein ganzes Treiben der Erschöpfung oder dem Wahnsinn zu. Das Gerücht über diese Vorgänge durcheilte Plätze und Gassen der Stadt und gelangte schließlich zum Vater. Als dieser hörte, was seinem Sohn angetan wurde, erhob er sich sofort, ihn zu suchen, nicht etwa um ihn zu befreien, sondern vielmehr um ihn zu vernichten. Ohne jede Selbstbeherrschung schaute er ihn mit grimmigem Blick und finsterem Angesicht an und legte ruchlos Hand an ihn. Dann schleppte er ihn in sein Haus, sperrte ihn dort mehrere Tage in einen dunklen Kerker und bemühte sich, durch Worte und Schläge seinen Sinn wieder auf die Eitelkeit der Welt zu lenken. Er aber ließ sich weder durch Worte noch durch Kerker erschüttern, noch durch Schläge mürbe machen; vielmehr ertrug er alles in Geduld und wurde nur umso bereiter und entschlossener. Als sein Vater in einer dringenden Angelegenheit außer Haus gegangen war, redete die Mutter, die mit ihm allein zurückgeblieben war und das Vorgehen ihres Mannes missbilligte, ihrem Sohn mit zärtlichen Worten zu. Weil sie ihn aber von seinem heiligen Vorhaben nicht abbringen konnte, ließ sich ihr Herz erweichen. Sie löste die Fesseln und ließ ihn frei davongehen.

Die Stelle des Kerkers kann in der Kirche ebenso besichtigt werden wie der Tuchladen des Vaters etwas unterhalb.

Wir gehen zur nahen **Piazza Commune**, an deren Westseite an der Stelle der heutigen Tourismusinformation zu Zeiten des Franziskus die Kirche S. Nicolo stand. Von ihr ist nur noch die Hallenkrypta erhalten, die heute zum Ausstellungsbereich der römischen Ausgrabungen gehört. Hier suchte Franziskus zu Beginn seines Lebens in Armut, als sich zwei weitere junge Männer anschließen wollten, Rat im Evangelium, wie die Fioretti beschreiben:

Nachdem sie nun die Messe gehört und im Gebet verharrt hatten, nahm der Priester auf Bitten des heiligen Franziskus hin das Messbuch, machte das Kreuzzeichen und öffnete es dreimal im Namen unseres Herrn Jesus Christus. Beim ersten Öffnen fand sich jenes Wort, das Christus im Evangelium dem Jüngling gesagt hatte, der ihn nach dem Weg der Vollkommenheit gefragt hatte: Wenn du vollkommen sein willst, geh und verkaufe, was du hast, und gib es den Armen, dann komm und folge mir. Beim zweiten Öffnen kam jenes Wort, das Christus den Aposteln gesagt hatte, als er sie zum Predigen aussandte: Nehmt nichts mit auf den Weg, weder Stab, Tasche, noch Schuhe, noch Geld. Beim dritten Öffnen des Messbuches fand sich jenes Wort, das Christus sagte: Wer mir nachfolgen will, der verleugne sich selbst, nehme sein Kreuz auf sich und folge mir nach. Darauf sagte der heilige Franziskus: „Das ist der Rat, den uns Christus gibt. Unser Herr Jesus Christus aber sei gepriesen, der sich gewürdigt hat, uns den Weg seines Evangeliums zu zeigen."

Über den Platz, den Franziskus in Jugendjahren sicher auch zum ausgelassenen Spielen und feiern nutzte, wandern wir hoch zur **Kathedrale S. Rufino** mit ihrer wunderschönen romanischen Fassade. Der alte Dom wurde innen später stark verändert, aber der Taufstein von Franziskus und Klara ist noch zu sehen. Letztere wohnte übrigens hier am Platz – eine kleine Gebetsstätte linker Hand der Kirche weist darauf hin. Von hier folgte sie Franziskus in der Nacht des Palmsonntags 1212, wie Thomas von Celano berichtet:

Es stand der Palmsonntag bevor. Franziskus hatte Klara angewiesen, am Festtag fein zurechtgemacht und geschmückt zusammen mit dem übrigen Volk zu gehen, um die Palme zu empfangen. Als daher der Sonntag kam, betrat das Mädchen, inmitten der Schar der Damen in festlichem Glanz

72

besonders strahlend, mit den anderen die Kirche. Dort ge-
schah, was durchaus als Vorzeichen gesehen werden kann:
Während die anderen Leute zu den Palmzweigen hineilten,
blieb Klara aus Scheu unbeweglich auf ihrem Platz. Da stieg
der Bischof die Stufen herab, ging zu ihr hin und legte ihr die
Palme in die Hände. In der folgenden Nacht rüstete sie sich
auf Geheiß des Heiligen und unternahm in ehrbarer Beglei-
tung die ersehnte Flucht. Da sie zur gewöhnlichen Tür nicht
hinausgehen wollte, öffnete sie mit staunenswerter Kraft
eigenhändig einen anderen, mit schweren Holzbalken und
Steinblöcken versperrten Ausgang. Sie verließ also Haus,
Stadt und Verwandte und eilte nach St. Maria von Portiuncu-
la. Dort empfingen die Brüder, die im Gotteshaus heilige
Nachtwache hielten, die Jungfrau Klara mit brennenden Lich-
tern.

Über die Via Dono Doni und an ihrem Ende durch kleine
Gässchen mit Treppen gehen wir bergab zum Vorplatz der
Basilika S. Chiara.

Das Grab der hl. Klara in der Krypta ist ebenso ein Ziel für uns Pilger wie auch das originale Kreuz von S. Damiano in einer Seitenkapelle. Hier kann der Impuls aus Etappe 2 noch einmal betrachtet werden, das Gebet des Franziskus finden Sie in Etappe 17.

Die Via S. Agnese führt uns weiter bergab zum Vorplatz der **Kirche S. Maria Maggiore**. Dort stand der Bischofspalast, vor dem Franziskus endgültig mit dem Vater brach. Der Impuls von Etappe 13 ist hier also noch einmal passend.

Am oberen Ende des Vorplatzes führt links die Via **Bernardo di Quintavalle** eher flach dahin. Sie ist nach dem ersten Gefährten des Franziskus benannt, dessen Wohnhaus mit einer kleinen Aufgangstreppe und einer Gedenktafel auffällt. Hier spielte sich eine Geschichte ab, die viel über das Gebetsleben des Franziskus aussagt. Die Fioretti berichten:

Der erste Gefährte des heiligen Franziskus war Bruder Bernhard aus Assisi, der sich auf folgende Weise bekehrte: Damals war Franziskus noch im weltlichen Gewand, aber er hatte bereits der Welt entsagt und ging verachtet umher, so dass er bei vielen als verrückt galt. Er wurde als Narr verspottet und von Verwandten wie von Fremden mit Steinen und Straßenkot verjagt. Er aber schritt bei all diesem Schimpf und dieser Schande geduldig einher, als ob er taub und stumm wäre. Herr Bernhard aber, einer der vornehmsten, reichsten und weisesten Leute der Stadt, begann diese äußerste Weltverachtung des Franziskus und seine große Geduld inmitten von Schmähungen aufmerksam zu betrachten. Obwohl er nämlich schon zwei Jahre hindurch von jedermann verachtet wurde, schien er dennoch immer fester und geduldiger zu werden. Bernhard begann also nachzusinnen und sagte zu sich selbst: „Es kann nicht anders sein, als dass dieser Franziskus große Gnade von Gott empfangen hat." So lud er ihn eines Abends zum Abendessen und Übernachten ein. Der heilige Franziskus nahm die Einladung an, speiste mit ihm zu Abend und übernachtete bei ihm. Da nahm sich Herr Bernhard vor, seine Heiligkeit zu beobachten. Er ließ ihm daher ein Bett in seiner eigenen Kammer richten, in der immer eine Lampe brannte. Franziskus aber warf sich, kaum dass er in die Kammer eingetreten war, sogleich aufs Bett und tat so, als ob er schlafe. Gleicherweise legte sich Bernhard nach einiger Zeit nieder und begann so laut zu schnarchen, als ob er bereits in tiefem Schlaf liege. Der heilige Franziskus glaubte daher wirklich, dass Bernhard schlafe, erhob sich und begab sich zum Gebet. Mit Augen und Händen zum Himmel erhoben, sprach er mit größter Hingabe und Inbrunst: „Mein Gott! Mein Gott!" Mit diesen Worten und unter vielen Tränen verharrte er bis zum Morgen, indem er immer wiederholte: „Mein Gott! Mein Gott!", und nichts anderes. Als Herr Bernhard im Schein der Lampe dieses hingebungsvolle Tun des heiligen Franziskus sah, wurde er vom Heiligen Geist berührt, der ihm eingab, sein Leben zu ändern. Als es Morgen geworden war, rief er den heiligen Franziskus und sprach zu ihm: „Bruder Franziskus, ich habe mich fest in meinem Herzen entschieden, die Welt zu verlassen und dir in allem zu folgen, was immer du mir befehlen wirst."

Wir wandern die Straße bis an ihr Ende und halten uns dann kurz bergauf, dann links und bald die Via A. Luigi entlang rechterhand aufwärts. Wieder rechts haltend stehen wir schnell vor einem romanischen kleinen Gotteshaus, der Kirche **S. Stefano**, das uns noch einmal in die Zeit des Franziskus eintauchen lässt. Laut einer Legende sollen die Glocken im kleinen Dachreiter von selbst geläutet haben, als Franziskus unten in der Ebene am 3.10.1226 starb. Hier wollen wir unseren kurzen Rundgang beenden.

15. Assisi – Monte Subasio: VITA ACTIVA

A MORGENIMPULS

Unser Motto speist sich heute daraus, dass wir uns ja ganz bewusst für einen aktiven Tag am Monte Subasio entscheiden und nicht „nur" in Assisi bleiben, was man natürlich auch tagelang machen könnte, ohne dass es einem langweilig würde. Aber wir wollen den Spuren des Franziskus auch hier auf seinem „Hausberg" nachspüren.

Das spirituelle Zentrum wird die Einsiedelei der Carceri sein – und man könnte jetzt denken, dass dann das Thema vielleicht doch nicht so ganz passt. Allerdings gibt es hier eine wegweisende Geschichte aus dem Leben des Franziskus, die ihm die vita activa statt der vita contemplativa nahe legt.

Unser Impuls greift die Basis der christlichen vita activa auf, wie sie in der Bergpredigt (Mt 5,16) zu finden ist. Das Wort vom Licht passt besonders gut, wenn wir schon in der Nacht zum Sonnenaufgang am Monte Subasio aufbrechen:

B UNTERWEGS

In den Carceri

Lassen wir die Legenda Maior des Bonaventura zu uns sprechen, in der Franziskus die Entscheidung, ob er sein Leben
dem Gebet und der Predigt oder ausschließlich dem Gebet
widmen sollte, auf seine ganz eigene Art und Weise löst:

*Franziskus schämte sich als echter Minderbruder nicht, von
Einfältigen selbst in minder wichtigen Dingen Rat zu erfragen.
Mit besonderem Eifer suchte er zu erfahren, auf welchem
Wege und in welcher Weise er Gott zu seinem Wohlgefallen
vollkommener dienen könne. Dies war zeitlebens seine
höchste Sehnsucht, Weise und Einfältige, Vollkommene und
Unvollkommene, Junge und Alte um ihren Rat zu fragen, wie
er zu höherer Tugend und zum Gipfel der Vollkommenheit
gelangen könne. Daher rief er zwei seiner Brüder zu sich. Er
sandte den einen zu Bruder Silvester, der damals auf dem
Berge oberhalb Assisis in ständigem Gebete weilte; er solle
Gottes Antwort in seiner Gewissensfrage erforschen und sie
ihm im Namen Gottes mitteilen. Den gleichen Auftrag gab er
auch der heiligen Jungfrau Klara, sie möge mit den anderen
Schwestern beten und durch eine besonders reine und einfältige Schwester, die unter ihrem Gehorsam stand, darüber
den Willen des Herrn erforschen. Wie durch ein Wunder
stimmten der ehrwürdige Priester und die gottgeweihte Jungfrau überein, denn der Heilige Geist tat ihnen Gottes Willen
kund: Es gefalle Gott, dass er als Herold Christi zum Predigen ausziehe. Kaum waren die Brüder zurückgekehrt und
hatten ihm den Willen Gottes mitgeteilt, da stand Franziskus
auf, gürtete sich und machte sich unverzüglich auf den Weg.*

Von allem, was wir über ihn wissen, war Franziskus von seinem Charakter her ein aktiver und auch impulsiver Mensch und verfügte über eine Ausstrahlung, die andere ansprach und sie fesselte. So hätte es klar sein sollen, dass er diese Charismen auch einsetzte. Auch ihm selbst. Aber er gab die Entscheidung ab, wollte nicht selbst bestimmen, was für ihn das Beste sei. Und fragte einen hier lebenden Mitbruder und – vielleicht noch spektakulärer – Frauen, nämlich Klara und ihre Mitschwestern. Und diese fragten Gott.

Gottes Willen, dass er aktiv leben, also predigen und den Glauben verkünden sollte, erfuhr Franziskus durch andere. Es war ihm wichtig, dass Gott und andere Menschen, denen er vertraute, mit in seine Gedanken einbezogen waren.

Auch darin liegt eine Botschaft: Es geht im Christentum nicht um die eigene Selbstvervollkommnung ohne Rücksicht auf andere. Ganz im Unterschied beispielsweise zum Buddhismus kommt die eigene Erleuchtung auch und besonders mittels anderer Menschen zu uns. Und nur so ist sie geerdet und nicht abgehoben.

Dann können wir unser Licht leuchten lassen – auch das ist ein schönes Bild für eine erneute Einbeziehung von anderen, denn das Licht nur als Selbstzweck leuchten zu lassen, wäre seltsam. Es leuchtet für andere, und vielleicht kann es wie bei Franziskus auch andere entflammen, sie inspirieren und in ihnen das Feuer der Liebe anzünden.

Wie genau unser aktives Leben aussieht, ist unterschiedlich und soll es auch sein. Eine Ausrichtung auf den Willen Gottes aber können wir hier wieder einmal gemeinsam und doch jeder für sich suchen – und finden. Und auch die Grotte von Bruder Silvester kann man hier oben im Steineichenwald suchen, finden und anschauen.

Am Ende des Pilgertages kommen wir nach S. Damiano. Die Berufung des Franziskus dort vor dem Kreuz und Gedanken dazu finden Sie im Pilgerimpuls zur 2. Etappe, das Gebet bei Etappe 17.

C ABENDIMPULS

So leuchte euer Licht vor den Menschen!

Tut es das? Wie? Wann? Auch jetzt am Ende eines vielleicht anstrengenden Tages? Auch im stressigen Alltag, wenn ich am liebsten niemanden mehr sehen möchte? Das ist wohl nicht der Fall. Und da ist das Licht ein gutes Symbol: Es leuchtet ja nie gleich, die Intensität kann schwanken – vom zarten Glimmen bis zum grellen Scheinwerferlicht. Licht ist es immer. Immer besser als Finsternis.

Ein paar Verse zuvor steht in der Bergpredigt das Bild von der Stadt auf dem Berg, die nicht verborgen bleiben kann, weil immer irgendwo ein Licht brennt. Das können wir hier aus dieser Stadt vor dem Monte Subasio, die so schön auf dem Hang liegt, mitnehmen: Lassen wir unser inneres Licht nie ausgehen, so wie es hier nie ausgeht, auch wenn es Nacht wird. Lassen wir es leuchten in die Nacht hinein, ausstrahlen in die weite Ebene!

Legen wir unsere Gedanken in das folgende kurze Gebet:

Guter Gott, ich danke dir für diesen Tag hier in der Heimat des Franziskus! Erhalte in mir den Funken, der ausstrahlen soll auf andere, um deine Größe und Liebe sichtbar zu machen! Bleib bei mir auch in schweren Zeiten, wache nun über meinen Schlaf und lass mich morgen mit neuer Kraft erwachen und von Assisi Abschied nehmen! Amen.

A MORGENIMPULS

Unser Motto speist sich heute daher, dass wir zu den Stätten
des Anfangs von Franziskus bei und nach seiner Suche nach
seinem Weg pilgern: In der kleinen Portiuncula, also dem
Kirchlein unter der Kuppel der mächtigen Basilika Santa
Maria degli Angeli, finden wir die Keimzelle der Ordensbewe-
gung. Die Benediktiner vom Monte Subasio überließen die
Kapelle Franziskus gegen eine symbolische Pacht. Dann
kommen wir zum Kirchlein S. Maria Maddalena, das aus dem
12. Jahrhundert stammt. Hier stand zur Zeit des Franziskus
ein Leprosenhospiz, in dem der hl. Franziskus sicher nach
seiner Abkehr vom Elternhaus lebte, vermutlich auch in der
Anfangszeit mit den ersten Gefährten. Die Kirche von Rivotorto birgt in ihrem Inneren die rekonstruierte „heilige Hütte"
der ersten Gefährten rund um Franziskus.

Erst 1211, als die Zahl der Mitbrüder zu groß wurde, zog die
kleine Gemeinschaft nach Portiuncula um. Und an unserem

Zielort Foligno verkaufte Franziskus Stoffe aus dem Geschäft seines Vaters und brachte den Erlös nach S. Damiano – das Ereignis, das den Ausschlag für die spektakuläre Enterbung des Heiligen gab.

Unser Impuls stammt von Meister Eckhart (1260 - 1327) und könnte diesen Lebensabschnitt des Anfanges bei Franziskus kaum treffender beschreiben:

UND PLÖTZLICH WEIßT DU: ES IST ZEIT, ETWAS NEUES ZU BEGINNEN UND DEM ZAUBER DES ANFANGS ZU VERTRAUEN.

B UNTERWEGS

In Rivotorto

Die Dreigefährtenlegende, die Biografie über Franziskus, die wohl am unmittelbarsten von ihm spricht, da sie – wie der Name sagt – von drei seiner ersten Gefährten verfasst wurde, beschreibt die Anfänge der kleinen Gemeinschaft hier so:

Franziskus hielt sich mit seinen Gefährten an einem Ort nahe bei Assisi auf, der Rivotorto heißt. Dort war ein von allen verlassener Schuppen. Dieser Raum war so eng, dass sie dort kaum sitzen oder liegen konnten. Aus Mangel an Brot aßen sie oft nur Rüben, die sie in ihrer Not erbettelten. Franziskus schrieb die Namen der Brüder auf die Balken jenes Schuppens, damit jeder, wenn er ruhen oder beten wollte, Platz fand und unnötiges Geräusch vermied, denn die Sammlung des Geistes und das Schweigen sollten in einem so engen und kleinen Quartier nicht gestört werden. Eines Tages aber, da sich die Brüder an dem erwähnten Ort aufhielten, geschah es, dass ein Bauer mit seinem Esel kam und in dem Schuppen Unterschlupf suchte. Um von den Brüdern nicht abgewiesen zu werden, ging er schnurstracks mit dem

Esel hinein. Dies aber hörte Franziskus und begriff sofort die Absicht des Bauern. Er war über ihn empört, weil er mit seinem Esel großen Lärm gemacht und alle Brüder gestört hatte. Er sprach zu den Brüdern: „Ich weiß, Brüder, dass Gott uns nicht berufen hat, einem Esel Unterkunft zu bereiten, sondern dass wir den Menschen den Weg des Heiles predigen, heilsamen Rat erteilen, vor allem aber in Gebet und Danksagung verharren müssen." Sie begaben sich zur Kirche S. Maria von Portiuncula, neben der sie sich eine Zeitlang in einem Häuschen aufhielten, bevor sie die Kirche bekamen.

Neben den vielen Zitaten und Aussprüchen vom Zauber des Anfangs ist es ebenso richtig, dass jeder Anfang schwer ist. So auch hier. Notgedrungen kommt Franziskus mit seinen ersten Anhängern in einem Schuppen unter, den er später trotz seiner Liebe zur Armut auch als nicht ehrenhaft für einen Orden bezeichnet. Und dieses Quartier ist auch nicht von langer Dauer, die Brüder lassen sich von einem Bauern mit seinem Esel vertreiben. Auch das reflektiert Franziskus später und schreibt im 7. Kapitel seiner Regel, dass die Brüder ihre Aufenthaltsorte nicht verteidigen sollen.

Vom Hunger gequält. In einer Notunterkunft. Auf die Straße gesetzt. Klingt eher nach dem Ende vom Anfang.

Doch Franziskus gibt nicht auf. Er erbettelt die Portiuncula. Er findet einen Ausweg. Er will seinen Traum leben, seine Berufung, seinen Auftrag. Es ist ihm vollkommen klar, dass es weitergehen muss. Und es ist ihm klar, dass es mit Gottes Hilfe auch weitergehen wird. Da gibt es keinen Zweifel, kein Zaudern, kein Überlegen. Sondern entschlossenes Handeln.

Kennen wir das von uns? Dass wir von einer Sache so beseelt sind, dass wir alles auf uns nehmen, dass wir nicht lang nachdenken müssen, ob es so oder doch anders richtig ist?

Denken (und sprechen) wir auf dem ruhigen Panoramaweg nach Spello doch über solche Momente innerer Überzeugung, von Anfängen, deren Zauber alles andere überstrahlte!

C ABENDIMPULS

Und plötzlich weißt du: Es ist Zeit, etwas Neues zu beginnen und dem Zauber des Anfangs zu vertrauen.

Unser Weg nach Rom hat angefangen. Wie Franziskus sind wir aufgebrochen aus Assisi, wir haben die Stadt hinter uns gelassen. Er hat einst damit seine unbeschwerte Jugend, sein Leben in Reichtum verlassen und musste mit teilweise unwürdigen Bedingungen fertig werden.

Wir kennen das auch – wir beginnen eine Sache, die uns begeistert, und bekommen gerade dann Steine in den Weg gelegt, die zuvor undenkbar schienen. Vielleicht habe ich das auch in den letzten Tagen beim Pilgern an mir beobachtet. Aber ich habe nicht aufgegeben, vielleicht trotz Wasserblasen, Mückenstichen, Durst oder Muskelkater. Ich habe den Zauber behalten. Und ich ziehe daraus Stärke und Kraft.

Legen wir unsere Gedanken in das folgende kurze Gebet:

Guter Gott, ich danke dir für die Erfahrungen des Anfangs! Ich bin wieder aufgebrochen, habe der Bequemlichkeit, nicht täglich das Quartier wechseln zu müssen, Adieu gesagt und bin auf den Spuren des jungen Franziskus hierher gepilgert. Ich spüre die Mühsal des Aufbruchs wie die jeden Anfangs, aber auch die Schönheit und den Zauber, der darin liegt, immer etwas Neues zu sehen und zu erleben. Halte diesen Mut in mir wach und schütze nun meinen Schlaf, damit ich morgen mit neuer Kraft erwache! Amen.

17. Foligno – Clitunno: DEMUT

A MORGENIMPULS

Unser Motto speist sich heute daraus, dass wir bei der Kirche S. Pietro di Bovara am Ort einer bekannten Vision sind, die auch in den Giotto-Fresken der Oberkirche verewigt wurde. Ein Mitbruder sieht einen reich verzierten Thron im Himmel für Franziskus. Noch interessanter ist aber die Reaktion des Franziskus, der daraufhin gefragt wird, was er denn selbst von sich halte.

Der Begriff Demut ist heute kein besonders gängiges Wort. Das althochdeutsche „diomuoti" für dienstwillig ist seine sprachliche Wurzel. Es geht also um eine Art (freiwilliger) Unterordnung, um Bescheidenheit und – im christlichen Kontext – um das Wissen um die eigene Schwachheit und Geringfügigkeit. Diese Charakterzüge haben wir auf unserem Pilgerweg bei Franziskus schon häufiger beobachten können und uns vielleicht auch daran gestoßen – Grund genug, die Demut einmal genauer zu betrachten.

Im Mittelalter war diese Haltung vielleicht insgesamt weiter verbreitet als heute. Hildegard von Bingen (1098 - 1179) ist die Urheberin unseres heutigen Impulses:

DIE LIEBE HAT DEN MENSCHEN ERSCHAFFEN, DIE DEMUT HAT IHN ERLÖST.

B UNTERWEGS

S. Pietro in Bovara

Eine der ältesten franziskanischen Schriften, die „Sammlung von Perugia" wird gelegentlich Bruder Leo zugeschrieben. Sie berichtet von diesem Ort (gekürzt) folgendes:

Einmal ging der selige Franziskus durch das Spoleto-Tal, und mit ihm ging Bruder Pazifikus. Sie kehrten im Aussätzigenspital von Trevi ein. Da sagte der selige Franziskus: „Gehen wir zur Kirche des hl. Petrus von Bovara, denn ich will diese Nacht dort bleiben." Jene Kirche war nicht sehr weit vom Spital entfernt, und niemand hielt sich dort auf, besonders weil damals die Festung Trevi zerstört war, so dass dort niemand wohnte. Während Franziskus ging, sagte er zu Bruder Pazifikus: „Ich will diese Nacht allein hier bleiben, und komm morgen in aller Frühe wieder zu mir zurück!"

Franziskus erleidet in der Nacht zwar Anfechtungen durch Dämonen, kann sie aber vertreiben.

Bei Tagesanbruch kam Bruder Pazifikus zu ihm zurück. Fran-

85

ziskus weilte beim Gebet vor dem Altar; Bruder Pazifikus blieb stehen und erwartete ihn außerhalb des Chores beim Kruzifix. Nachdem er nun angefangen hatte zu beten, wurde er entrückt und sah viele Throne im Himmel. Unter diesen sah er einen, der erhabener war als die anderen, herrlich, strahlend und geschmückt mit kostbaren Steinen. Während er seine Schönheit bewunderte, begann er zu überlegen, was für ein Thron das sei und wem er gehöre. Da hörte er eine Stimme: „Dieser Thron gehörte Luzifer, und an seiner Stelle wird der selige Franziskus auf ihm sitzen." Kaum war er wieder zu sich gekommen, da kam Franziskus zu ihm heraus. Er aber fiel sogleich zu seinen Füßen nieder, und sprach: „Vater, vergib mir meine Sünden und bitte den Herrn, dass er mir vergebe und sich meiner erbarme!" Franziskus richtete ihn auf und erkannte, dass er im Gebet etwas geschaut haben musste. Er schien ganz verändert. Weil er dem seligen Franziskus nichts von der Erscheinung erzählen wollte, fragte Bruder Pazifikus später wie nebenbei: „Welche Meinung hast du von dir selbst, Bruder?" Der selige Franziskus antwortete: „Mir scheint, dass ich ein größerer Sünder bin als sonst einer in dieser Welt!" Da wurde dem Bruder Pazifikus sogleich im Geiste gesagt: „Daran kannst du erkennen, dass die Erscheinung wahr ist, die du gehabt hast. Denn wie Luzifer durch seinen Stolz von jenem Thron gestürzt wurde, so wird der selige Franziskus durch seine Demut verdienen, erhöht zu werden und auf ihm zu sitzen."

Gemeinhin tun wir moderne Menschen uns mit Visionen ähnlich schwer wie mit dem Begriff der Demut. Franziskus, der doch in der Nacht zuvor mit Dämonen fertig geworden ist, sieht sich als größten Sünder. Das mag fast etwas kokett klingen.

Vielleicht reagiert er auch nur so, weil ihm der Mitbruder gar zu ehrerbietig begegnet – von der Vision weiß er ja nichts, ahnt nur, dass da wohl etwas gewesen sein muss. Die

Gleichsetzung von Franziskus mit einem Engel – denn schließlich soll er ja den Platz des gefallenen Engels Luzifer einnehmen – hat Pazifikus beeindruckt.

Das kennen wir, zumindest von Träumen, die manchmal auch uns noch einen Tag nachhängen können, die uns vielleicht auch zeichnen, sogar im Verhalten anderer gegenüber. Das Mittelalter wusste noch nichts von Tiefenpsychologie. Träume, Visionen kamen von Gott. Natürlich hemmt eine solche Szenerie dann auch Pazifikus. Franziskus merkt, dass etwas nicht stimmt, dass der andere verändert ist, ihn verehrt. Das ist ihm nicht recht, da steuert er dagegen. Er macht sich selbst klein. Und dadurch erfährt – oder realisiert – Pazifikus auch den Grund seiner Vision: Wer sich selbst erniedrigt, wird erhöht werden. Das ist biblisch (Lk 14,11 und anderswo). Das ist zutiefst christlich.

C ABENDIMPULS

Die Liebe hat den Menschen erschaffen, die Demut hat ihn erlöst.

Sich selbst zurücknehmen ist nicht modern, in unserer Zeit der Selfies und Postings, der permanenten Selbstdarstellung und Selbstglorifizierung. Wer macht das schon, sich nicht gut darzustellen, sich nicht vielleicht sogar ein Stückchen größer zu machen als man eigentlich ist?

Kenne ich von mir nicht eher diese Überlegungen – als dass ich mich selbst erniedrigen würde? Dass ich mich kleiner, unwissender, schwächer mache als ich bin?

Und wenn mir hier etwas einfällt, war das nicht vielleicht eher einer Strategie zuzuordnen, die mir letztlich dann doch Vorteile bringen sollte oder gebracht hat.

Vielleicht fällt mir aber ein Beispiel, eine Situation ein, wo ich mich und meine Bedürfnisse zurücknehme oder -nahm? Und ist diese Demut nicht die Basis jeder Gemeinschaft?

Legen wir unsere Gedanken in das folgende kurze Gebet:

Guter Gott, Franziskus hat vor dem Kreuz in S. Damiano gebetet: Höchster, glorreicher Gott, erleuchte die Finsternis meines Herzens und schenke mir rechten Glauben, gefestigte Hoffnung, vollendete Liebe und tiefgründende Demut. Diese ist für mich eine recht fremdartige Haltung. Denn ich freue mich und bin stolz, wenn mich andere schätzen, gern mache ich mich nicht freiwillig klein. Lehre mich Bescheidenheit und Zurückhaltung, wenigstens im Kleinen – in der Erkenntnis deiner Größe, in der Bewunderung deiner Schöpfung, in der Freude über die Liebe, die mir entgegengebracht wird. Segne meine Nachtruhe und lass mich morgen mit neuem Mut und neuer Kraft erwachen – und in Vorfreude auf einen schönen Pilgertag! Amen.

18. Clitunno – Spoleto/Monteluco: ENTSCHEIDUNG

A MORGENIMPULS

Unser Motto speist sich heute daraus, dass wir an den neben S. Damiano wohl wichtigsten Ort der Lebensentscheidung von Franziskus kommen. Bei der Kirche S. Sabino vor Spoleto lokalisiert die Tradition die Stelle, wo der junge, gerade wieder von den Strapazen der Gefangenschaft genesene und unternehmungslustig in einen Kreuzzug ziehende Ritter Franziskus nach einer Vision umkehrt.

Wir stehen ständig vor Entscheidungen, vor kleinen des Alltagslebens bis hin zu den großen des Lebens. Über diese wollen wir heute nachdenken. Dabei begleitet uns ein Impuls von Martin Luther (1483 - 1546):

NUR, WER SICH ENTSCHEIDET, EXISTIERT.

B UNTERWEGS

S. Sabino

1203 war der junge, knapp über 20 Jahre alte Franziskus desillusioniert, krank und nur durch das Lösegeld des Vaters aus der Gefangenschaft in Perugia befreit nach Assisi zurückgekommen. Die Niederlage hinterließ Spuren in ihm. Doch zwei Jahre später macht er sich erneut auf den Weg, diesmal zu einem Kreuzzug. Warum? Und warum kehrte er bald wieder unverrichteter Dinge um und wieder nach Hause, diesmal aber ungebrochen und freudig? Lassen wir einmal mehr den Franziskus-Biografen Thomas von Celano (gekürzt) zu uns sprechen:

In Assisi wurde Franziskus in einer Vision ein herrlicher Palast gezeigt, in dem er verschiedene Waffenrüstungen und eine wunderschöne Braut schaute. Es rief ihn jemand im Traum bei seinem Namen und lockte ihn durch das Versprechen, er werde all diese Dinge erhalten. So wollte er, um Ritterdienste zu leisten, nach Apulien ziehen. Mit großem Aufwand traf er die Vorbereitungen. Wie er eines Nachts kurz vor Erreichen der Stadt Spoleto schlief, redete ihn von neuem jemand im Traum an und fragte, wohin er gehen wolle. Als er erklärte, er wolle nach Apulien ziehen, um Ritterdienste zu leisten, richtete dieser an ihn die besorgte Frage, wer ihm denn Besseres geben könne: der Knecht oder der Herr? Franziskus antwortete: „Der Herr", worauf jener erwiderte: „Warum suchst du dann den Knecht statt den Herrn?" Darauf Franziskus: „Was willst du, Herr, das ich tun soll"? „Kehre zurück in das Land deiner Geburt", sprach der Herr zu ihm, „denn ich will deine Vision in geistlicher Weise erfüllen". Unverzüglich kehrte Franziskus zurück. Jenen, die über seine ungewohnte Fröhlichkeit staunten – und es waren viele –, gab er zur Antwort, er werde noch ein großer Fürst werden.

Wie beim chronologisch etwas späteren Wort des Gekreuzigten von S. Damiano an Franziskus sehen wir auch hier diese Spannung, dass der noch immer weltlich und pragmatisch denkende junge Mann solche Erscheinungen ganz konkret interpretiert. Er versteht sie ganz klar und ganz normal in seinem aktuellen Kontext, hier seiner Begeisterung für das Rittertum, für Ruhm und Ehre. Und wenn ihm die innere Stimme zu einer Umkehr rät, um einem größeren Herrn zu dienen und dadurch noch berühmter werden zu können, dann macht er das. Ohne Umschweife, ohne darauf zu achten, dass ihn diejenigen, die ihn gerade noch voller Elan und in Rüstung gen Süden reiten sahen, vielleicht als Verlierer oder Feigling betrachten, wenn er so schnell wieder zurückkehrt.

Deswegen ist hier ein Schlüsselerlebnis geschehen. Die Entscheidung, mehr auf sein Herz zu hören als auf das Gerede der Menschen, diese grundsätzliche Entscheidung fällt hier.

Und die fragt uns an. Wann machen wir denn das schon? Ist es nicht so, dass wir gewohnt sind, gründlich abzuwägen, statt quasi „aus dem Bauch heraus" und spontan Entscheidungen zu treffen, deren Tragweite wir noch schlecht absehen können und von denen wir ahnen können, dass sie nicht (nur) auf Zustimmung stoßen werden? Und ist das schlecht?

Das „Ja" von Franziskus zur hier ganz physischen Umkehr kam weniger spontan als wir hier in der kurzen Passage hören. Er war nachdenklich geworden angesichts der negativen Erfahrungen aus Krieg und Gefangenschaft. Dadurch war der Boden bereitet für die Offenheit, auf die ganz anders ausgerichtete innere Stimme zu hören. Trotzdem erforderte es sicher Mut, hier „Stop" zu sagen und das Leben auf ein noch unbekanntes Ziel hin neu auszurichten.

Das ist es, was uns hier beschäftigen kann. In welchem Bereich nagt es denn schon längere Zeit an mir? Mache ich meinen Beruf mit Freude und Begeisterung oder aus Routine und der Angst vor Veränderung? Sagt mir mein Herz nicht eindeutig, ob ich in meinem privaten Umfeld etwas ändern, etwas loslassen oder um etwas kämpfen muss? Wo mahnt eine innere Stimme mich zur Neu- oder Umorientierung, wenn ich an die Ausbeutung der Natur oder die Kommerzialisierung der Wirtschaft denke? Warum habe ich nicht den Mut, auf mein Innerstes zu hören und ihm zu folgen, auf die Stimme in mir, wo Gott zu mir spricht?

Der Weg nach Spoleto hinein wird um uns herum immer lauter und geschäftiger werden. Nutzen wir dies kontrapunktisch – indem wir immer mehr nach innen hören und unseren Lebensentscheidungen nachgehen!

Übrigens ist es auch eine Entscheidung, unten in der quirligen Stadt zu bleiben oder noch die eine Stunde hinauf auf den beschaulichen Monteluco zu wandern.

C ABENDIMPULS

Nur, wer sich entscheidet, existiert.

Es ist existentiell, sich zu entscheiden. Ich habe das heute von Franziskus gehört und auch selbst an meiner Entscheidung u.a. des Nachtquartiers bemerkt. Ich habe meine Lebensentscheidungen reflektiert und darüber nachgedacht, ob sie mich (noch immer) tragen – oder ob Weichen neu gestellt werden müssen oder sollten. Welchen Weg Gott mit mir vorhat. Lassen wir ihn vor unserem Gebet in fünf Minuten der Stille zu uns sprechen.

Legen wir dann unsere Gedanken in das folgende kurze Gebet:

Guter Gott, ich habe schon viele Entscheidungen getroffen, gute wie schlechte. Dabei versuche ich nun, deinen Willen zu erkennen. Ich suche danach – wie Franziskus: *„Was willst du, Herr, das ich tun soll"?* Gib mir den Mut dazu, meine Berufung in meinem Leben Wirklichkeit werden zu lassen. Begleite mich jetzt beim Pilgern, aber auch danach im Alltag! Wache nun über meinen Schlaf und lass mich morgen mit neuer Kraft erwachen! Amen.

19. Spoleto/Monteluco – Baiano: ORIENTIERUNG

A MORGENIMPULS

Unser Motto speist sich heute aus dem von der Orientierung her komplizierten Wegabschnitt zwischen Montelirossi und Baiano. Da der Begriff aber über die rein geografisch-räumliche Dimension hinausreicht, bietet er etliche Möglichkeiten, darüber nachzudenken.

Unser Impuls stammt heute von Immanuel Kant (1724 – 1804) und nimmt von der lateinischen Wortbedeutung von „oriri" = aufgehen, entstehen (vgl. den Orient als Gegend des Sonnen-aufganges) auch schon andere Dimensionen in den Blick:

SICH *ORIENTIEREN* HEIßT, IN DER EIGENTLICHEN BEDEUTUNG DES WORTS: DEN *AUFGANG* ZU FINDEN.

B UNTERWEGS

An der Verzweigung in Collerisana

Vor uns liegt eine Entscheidung – trauen wir uns den schönen, aber nicht ganz leicht zu findenden Weg über den Hügel zu oder wandern wir der Straße entlang? Sicherheit versus Orientierungssinn.

Aber was bedeutet Orientierung? Wenige Worte haben so viele Facetten. Politische, sexuelle, räumliche oder mentale Orientierung kennen wir, gestern haben wir über Neuorientierung nachgedacht.

Gemeinsam ist diesen Bedeutungsvarianten aber eines: Es geht immer um eine wie auch immer geartete Ausrichtung,

94

um das Wissen, wo man sich im weitesten Sinne befindet. Wo auf der Welt und wo in ihrem Gefüge.

Interessant ist, woher dieses Wort „Orientierung" kommt, denn so häufig es auch ist, es ist ein recht junger deutscher Begriff aus dem 18. Jahrhundert, der sprachlich – wie Kant sagt – aus dem Lateinischen stammt. Das Verb „oriri" bedeutet aufstehen, aufgehen, entstehen und wurde schon in der Antike stark mit dem Aufgehen der Sonne verbunden, also mit dem Osten.

Mit dem Vordringen des Christentums wurde dann Jerusalem und das Heilige Land der Bezugspunkt überhaupt – von Rom aus also der Orient, der Osten. Nicht nur die Kirchen orientierten sich (also: zeigten nach Osten), auch in der historischen Kartographie lebte der Begriff weiter: Die Karten wurden oft orientiert, d.h. so gedreht, dass Jerusalem und der Orient oben war – nicht wie bei uns normalerweise der Norden.

Es geht also um eine grundsätzliche Ausrichtung – dorthin, wo mein Lebenskompass hin weist. Doch wo ist das? Wechselt nicht ständig, wohin ich unterwegs bin? Gerade auch hier beim Pilgern?

Nehmen wir uns jetzt ein paar Minuten Zeit, um zur Ruhe zu kommen und unsere Gedanken zu beobachten. Sie werden sich dorthin ausrichten, was uns am meisten bedeutet.

Woran wir nun gedacht haben, zeigt zu großen Teilen unsere Orientierung, das, was uns antreibt, das wonach wir uns richten. Vielleicht die Arbeit, der/die Partner/in, Erfolge, Leistungen, Geld, Vergnügen, bestimmte Werte, Aufarbeitung einer Krisensituation, oder oder oder.

Paulus wünscht: „Der Herr aber richte eure Herzen aus in der

Liebe Gottes und der Geduld Christi." (2 Thess 3,5) Interessant: Diese Stelle wird meist anders übersetzt – der Herr möge die Herzen *auf seine Liebe hin* ausrichten. So wirkt der Satz als auffordernde Mahnung, *wohin* sich die Thessalonicher orientieren sollen. Doch im lateinischen Text wird die Frage „Wo" beantwortet: Die Herzen sollen *in der Liebe, in der Geduld* ausgerichtet werden, nicht auf sie hin. Das mag nun spitzfindig erscheinen. Aber es öffnet den Blick. Es weitet. Es sagt, dass das Ziel der Ausrichtung gar nicht von Belang ist, wenn die Ausrichtung nur in der Liebe erfolgt. Das „Liebe und tu, was du willst!" des Augustinus ist hier nahe.

Ich muss mich also nicht schlecht fühlen, wenn ich vorher in meinen Gedanken bei so weltlichen Dingen war, die meine Orientierung an diese Dinge verraten. Denn Hauptsache, diese Orientierung geschieht in der Liebe Gottes. Sie ist das Fundament. Wir können auf sie vertrauen.

In einer franziskanischen Legende geht es bei einer ganz konkreten Weg-Entscheidung – also wie bei uns jetzt – übrigens genau um dieses Gottvertrauen:

Als Bruder Massäus mit Franziskus zu einer dreifachen Weggabelung gelangte, fragte er: „Vater, welchen Weg sollen wir gehen?" Franziskus antwortete: „Den, welchen Gott will." Da sagte Bruder Massäus: „Und wie können wir den Willen Gottes erfahren?" Franziskus antwortete: „Drehe dich auf dieser Weggabelung an dem Punkt, wo du die Füße hingesetzt hast, im Kreis, wie es Kinder tun, solange bis ich es dir sage." Also begann sich Bruder Massäus im Kreis zu drehen. Und er drehte sich so fest, dass er wegen des Schwindels im Kopf mehrmals zu Boden fiel. Da aber der heilige Franziskus ihm nicht sagte, er soll aufhören, und er treu gehorchen wollte, raffte er sich wieder auf und begann von neuem. Schließlich aber, nachdem er sich tüchtig gedreht hatte, sagte der heilige Franziskus: „Bleib stehen und rühre dich nicht." Er blieb ste-

hen, und der heilige Franziskus fragte ihn: „In welche Rich-
tung schaut dein Antlitz? Das ist der Weg, den wir nach dem
Willen Gottes gehen sollen."

Wir sollten dieses Spiel hier nicht unbedingt nachmachen. Aber das Gottvertrauen mitnehmen.

C ABENDIMPULS

Sich *orientieren* heißt, in der eigentlichen Bedeutung des Worts: den *Aufgang* zu finden.

Wir haben uns heute orientiert. Auf dem Weg, aber auch in unseren Gedanken. Und in denen spielte Gott eine Rolle. Nicht unbedingt als Ziel unserer Ausrichtung, aber als Grund dieser.

Wenn ich mich orientiere, dann brauche ich das, diese Stabilität, dieses Feststehen, dieses Festhalten. Dann kann ich über mich hinaus wachsen und aufgehen. Für mich selbst. Für andere.

Woran denke ich nun dabei zuerst?

Legen wir unsere Gedanken in das folgende kurze Gebet:

Guter Gott, ich suche Orientierung bei dir, auf dem festen Grund deiner Liebe. Ich weiß, wie wichtig mir dieses Fundament ist, von dem aus mein Leben nach Wegen sucht, von dem aus ich mich orientiere, manchmal tastend, manchmal zielstrebig, manchmal schnell, manchmal in Zeitlupe. Lass mich den richtigen Weg nie verlieren, begleite mich hier auf dem Franziskusweg, aber auch sonst! Segne meinen Schlaf und lass mich morgen mit neuem Mut und neuer Kraft erwachen! Amen.

20. Baiano – Romita: LOB GOTTES

A MORGENIMPULS

Unser Motto speist sich heute daher, dass wir nach einem Pilgertag fast ausnahmslos in schönster Natur, die allein schon zum Lob Gottes einlädt, zur Romita di Cesi gelangen. Hier ist bezeugt, dass es lange Zeit eine wohl vor dem Altar aufgestellte Holztafel gab, die von Franziskus mit Versen beschrieben worden war. Malereien von Geschöpfen aller Art umrahmten diesen Kirchenschmuck. Der Text ist eine „Aufforderung zum Lobe Gottes" und als solche auch in den franziskanischen Quellen aufbewahrt, die Tafel selbst ging verloren. Viele Forscher sehen in dem Gebet einen Vorläufer des berühmten Sonnengesanges.

Unser Impuls, der uns auch als Mantra begleiten kann, ist eine Textzeile daraus:

ALLE GESCHÖPFE, LOBPREISET DEN HERRN!

B UNTERWEGS

In der Einsamkeit hinter Macerino, z.B. auf der Almwiese beim höchsten Punkt

Hierher, in diese einsame und noch vollkommen intakte Natur passt der am Morgen erwähnte Text der Romita sehr gut. Er mutet fast wie eine Litanei an und setzt sich zusammen aus verschiedenen Psalmversen, liturgischen Zeilen und Anrufungen an die Gottesmutter Maria und den Erzengel Michael, da das Kirchlein der Romita eine „Santa Maria degli Angeli"-Kapelle ist.

Lassen wir den Text einfach auf uns wirken.

98

Fürchtet den Herrn und gebt ihm die Ehre.
Würdig ist der Herr, zu empfangen Lobpreis und Ehre.
Alle, die ihr den Herrn fürchtet, lobpreiset ihn.
Gegrüßet seist du, Maria, voll der Gnade, der Herr ist mit dir.
Lobt ihn, Himmel und Erde.
Lobt den Herrn, all ihr Flüsse.
Lobpreiset den Herrn, ihr Kinder Gottes.
Dies ist der Tag, den der Herr gemacht hat, lasst uns jubeln
und uns freuen an ihm.
Alleluja, Alleluja, Alleluja! Du König Israels!
Alles, was atmet, lobe den Herrn.
Lobt den Herrn, denn er ist gut;
alle, die ihr dies lest, lobpreiset den Herrn.
Alle Geschöpfe, lobpreiset den Herrn.
Alle Vögel des Himmels, lobt den Herrn.
Alle Kinder, lobt den Herrn.
Jünglinge und Jungfrauen, lobt den Herrn.
Würdig ist das Lamm, das geschlachtet ist, zu empfangen
Lob, Herrlichkeit und Ehre.
Gepriesen sei die heilige Dreifaltigkeit und ungeteilte Einheit.
Heiliger Erzengel Michael, verteidige uns im Kampfe.

Ein ungewöhnlicher Text, und gerade deshalb so authentisch. Eine leicht chaotische Aneinanderreihung von Zeilen aus verschiedensten Quellen. Das Lob Gottes soll von allen Bevölkerungsgruppen, von den Tieren, aber auch anderen natürlichen Vorkommnissen wie den Flüssen gesungen werden.

So spricht, so stammelt einer, der liebt. Der voll ist von Bewunderung, der mitgerissen ist vom Entzücken über das Gegenüber. Der auch gern alles doppelt und dreifach sagt, was ihm wichtig ist.

Wir kennen das vermutlich auch von der Begeisterung bei zwischenmenschlicher Liebe.

Bei Franziskus ist das Gegenüber Gott.

Und er fordert alle auf, mit einzustimmen in seine Begeisterung, in seinen Jubel. Alle, die das lesen, was er da an Textzeilen auf diese Tafel geschrieben hat, sollen animiert werden, seinen Freudenausbrüchen über Gott zu folgen und sich mitreißen zu lassen.

Lassen wir uns auch mitreißen! Interpretieren wir den Text jetzt beim zweiten Lesen ein wenig mit unserem Körper mit, indem wir vielleicht laut deklamieren, vielleicht Passagen singen, dazu klatschen oder stampfen, tanzen oder summen. Oder auch ganz still werden und jede Zeile meditieren.

Heute abends oder morgen früh werden wir dem Text beim gemeinsamen Gebet in der Romita wieder begegnen.

C ABENDIMPULS

Alle Geschöpfe, lobpreiset den Herrn!

Wir haben einen Tag lang die Ruhe der Natur genossen, ihre Schönheit, Wildheit, Kraft und Unbezähmbarkeit bewundert und den besonderen, an La Verna erinnernden Ort der Romita erreicht. Der Gedanke an das Lob Gottes hat uns begleitet.

Wann tut er das im Alltag? Gibt es auch da Gelegenheiten, bei denen ich ganz spontan Gott lobe oder ihm danke? Wann?

Welche Rolle spielt das Lob Gottes in meinem Leben? Wenn ich Bitten an Gott habe, denke ich vermutlich öfter an ihn. Aber in der Freude, im Jubel? Schwingt in meinem als Floskel gebrauchten „Gottlob" oder „Gottseidank" ein ehrlicher Dank an Gott mit?

Oder kenne ich das Gotteslob nur als Gesangbuch der katholischen Kirche?

Legen wir unsere Gedanken in das folgende kurze Gebet:

Guter Gott, ich freue mich darüber, dass ich dich loben darf und dir danken kann. Ich fühle mich geborgen in deiner Gegenwart, hier im alten Kloster der Romita. Ich bin froh über meinen Weg heute, über die Begegnungen hier, über so vieles. Erinnere mich doch immer wieder daran, wie viel Grund zur Freude ich habe, wie viel Grund zu deinem Lob. Mit guten Gedanken lege ich mich nun zu Bett und bitte dich: Wache du über meinen Schlaf und lass mich morgen mit neuer Kraft aufstehen! Amen.

A MORGENIMPULS

Unser Motto speist sich heute zum einen daraus, dass wir aus dem Schweigen der letzten Etappe und in der Romita wieder unter Menschen kommen. Ab Cesi hat uns die gewohnte Zivilisation wieder, mit ihrem Trubel, dem Geschäftig-Sein und den vielen Worten, die uns begegnen – sei es nun ein „buon giorno" im Vorübergehen oder ein wirkliches Gespräch. Zum anderen werden wir an unserem Endpunkt Terni in einer Erzählung von Franziskus erfahren, wie Worte ganz unterschiedlich interpretiert werden können.

Das kennen wir selber sicher zur Genüge. Missverständnisse und Konflikte entstehen nicht selten aus falsch verstandenen oder unglücklichen Formulierungen. Was der eine sagt und was der andere hört, ist nicht immer das gleiche.

Unser Impuls geht vom Positiven aus – Benedikt von Nursia (um 480 - 547), der andere große Ordensgründer, sagt:

EIN GUTES WORT GEHT ÜBER DIE BESTE GABE.

B UNTERWEGS

Auf dem Colle d´oro oder gleich beim „Il convento"

Haben wir ihn gespürt? Den kleinen Kulturschock nach zwei Tagen in Stille und Natur? Ab Cesi, erst recht aber im lebhaften Terni-Vorort Riva ist vieles auf uns eingeprasselt, was wir nun länger nicht mehr hatten. Straßen hatten plötzlich wieder Namen, waren größer und belebt, Menschen liefen herum, Autos und Mopeds fuhren daher, wir nahmen Gesprächsfetzen wahr, lasen Werbungen oder Geschäftsschilder – die normale Welt der Hektik und der Wörter hatte uns wieder.

Hier oben liegt Terni vor uns. Keine wirklich schöne Stadt, eher ein Beispiel für Industrie, viele Menschen, Arbeitsplätze und Betriebsamkeit. Hier oben aber ist es noch ruhig, und wir finden Muße, über Worte nachzudenken.

Worte sind nur selten sachliche Aussagen und reine Information, zumindest wenn sie ausgesprochen werden. Da schwingen dann schon einmal Stimme und Tonfall mit, der Sprecher gibt etwas von sich preis, verrät seine Einstellung vielleicht durch eine begleitende Mimik oder Gestik. Beim Schreiben, besonders beim ja kurz gehaltenen Schreiben am Handy, haben sich dafür Emoticons durchgesetzt. Sie sollen spaßig gemeinte Aussagen von ernsten unterscheiden helfen, Witz von Ernst, Beleidigung von Ironie. Dennoch bleibt es auch im Ermessen, in der Verfassung des Empfängers, wie das Wort – buchstäblich – ankommt. Das kann ganz anders sein als vermutet. Und manchmal sind die Konsequenzen eines solchen interpretatorischen Spielraumes nicht zu unterschätzen.

Von Franziskus gibt es von einem Besuch in Terni dazu eine interessante Geschichte, die Thomas von Celano so beginnt:

Als der Heilige einmal dem Volk von Terni predigte, rühmte ihn der Bischof der Stadt nach der Predigt vor allen Leuten mit den Worten: „In dieser letzten Stunde hat Gott seine Kirche durch diesen ärmlichen und unansehnlichen, diesen einfältigen und ungebildeten Mann verherrlicht. Deshalb sind wir dem Herrn zu stetem Lob verpflichtet, weil wir wissen, dass er so nicht mit jedem Volk verfährt."

Die vier Adjektive lassen aufhorchen, besonders im Zusammenhang mit dem einleitenden Verb „rühmen". Das sind nicht gerade Komplimente: Armut, Unansehnlichkeit, Einfalt und

Unbildung sind so ungefähr das Letzte, was man gern über sich selbst hört, ob nun von einem Bischof oder sonst einer Person. Und dann noch öffentlich!

Wie reagiert Franziskus? Thomas von Celano erzählt weiter:

Als Franziskus das hörte, nahm er es mit wunderbarer Freude auf, weil der Bischof ihn so ausdrücklich als einen verächtlichen Menschen vorgestellt hatte. Als sie die Kirche betraten, fiel er dem Bischof zu Füßen und sprach: „Herr Bischof, du hast mir große Ehre erwiesen. Du hast als Mann mit Unterscheidungsgabe das Wertvolle vom Wertlosen geschieden. Gott hast du Lob, mir aber Geringschätzung erwiesen."

Wieder einmal so ein Paradox der Demut. Unvorstellbar eigentlich. Da freut sich jemand darüber, öffentlich verächtlich gemacht worden zu sein.

Der Schlüssel zum Verstehen liegt im letzten Satz. Vielleicht haben wir diesen bei der Rede des Bischofs vor lauter Ärger gar nicht mehr richtig wahrgenommen. Für Franziskus ist er aber das eigentlich Wichtige: Endlich stellt einmal jemand klar, um wen es hier eigentlich geht – nicht um ihn, Franziskus, sondern um Gott. Da steckt er gerne zurück.

Und die verächtlichen Worte – sie sind ganz anders „angekommen" als wir uns das gedacht hatten. Weil der Adressat den ihm eigenen Kontext hatte.

C ABENDIMPULS

Ein gutes Wort geht über die beste Gabe.

Jetzt abends wollen wir über die guten Worte nachdenken, die uns heute gesagt wurden, aber auch über die, die wir (hoffentlich) gesagt haben. Auch darüber, ob diese auch „gut angekommen" sind – oder ihr Ziel verfehlt haben.

Versuchen wir, all unsere Begegnungen heute Revue passieren zu lassen: Mit wem habe ich gesprochen? Wie war der Kontakt? Verbal? Non-verbal? Bin ich oder ist der/die andere froher aus dem Gespräch, aus der Begegnung weggegangen? Oder beide?

Legen wir unsere Gedanken in das folgende kurze Gebet:

Guter Gott, ich danke dir für diesen Tag, für alle Worte und Begegnungen heute, für alle guten Worte und Begegnungen in meinem ganzen Leben. Ich möchte dir aber auch Dank sagen für die Worte, die für mich zunächst nicht positiv erschienen, die mich aber im Nachhinein stärker gemacht haben. Sei bei mir in meinem Denken und Tun, aber auch besonders in meinem Reden – auch wenn ich wieder daheim im Alltag angekommen bin. Beschütze nun meinen Schlaf und lass mich morgen mit neuer Kraft erwachen! Amen.

22. Terni – Piediluco: WASSER

A MORGENIMPULS

Unser Motto speist sich heute daher, dass wir bei kaum einer anderen Etappe so viel mit dem Element Wasser konfrontiert werden wie heute. Erst wandern wir kurz am Fluss Tescino entlang, dann erleben wir die Pracht und Wucht der Cascate delle Marmore und schließlich führt uns der Weg bis zu unserem Quartier am Lago di Piediluco entlang. Dort ereignete sich auch eine bezeichnende Geschichte über Franziskus.

Das Wasser an sich preist dieser ja in seinem Sonnengesang als Schwester, die er als nützlich, demutsvoll, köstlich und keusch bezeichnet.

Schon der griechische Philosoph Thales von Milet (um 625 - 545 v. Chr.) ist vom Element Wasser begeistert und legt es als Urgrund allen Seins fest - unser heutiger Impuls:

DAS PRINZIP ALLER DINGE IST WASSER; AUS WASSER IST ALLES, UND INS WASSER KEHRT ALLES ZURÜCK.

B UNTERWEGS

Am Kanal hinter Marmore, der zum Lago di Piediluco führt

Gerade haben wir das eindrucksvolle Schauspiel der Wasserfälle erlebt, hier fließt das Wasser friedlich dahin. Diese Wandlung allein ist beeindruckend – wie auch die generelle Wandlungsfähigkeit von Wasser in seinen verschiedenen Aggregatszuständen. Die gewaltige Kraft des Wassers und seine liebliche Gemächlichkeit erleben wir hier recht gegensätzlich. Wasser ist alles und ohne Wasser ist alles nichts. Aber was tun wir?

Wir müssen leider oft feststellen, wie unachtsam wir mit diesem unserem Urelement umgehen, wie wir Wasser verschwenden und vergiften. Und wie es zum Politikum und zur Handelsware wird. Bereits seit einiger Zeit wird auf Ebene der EU-Kommission über die "Privatisierung des Wassers" nachgedacht. Dieses soll dabei den Binnenmarktregeln unterworfen werden. Dadurch besteht die Gefahr, dass der Bezug von Wasser Preisschwankungen und Qualitätseinbußen unterworfen sein kann und nicht alle Menschen uneingeschränkt Zugang zur elementaren Versorgung mit Wasser erhalten. Wasser als Flucht- oder gar Kriegsursache – das gibt es schon heute, und zukünftig vermutlich noch mehr, noch öfter.

Mit Franziskus bekommen wir einen anderen Blick auf das lebenswichtige und lebensspendende Nass. Freilich sieht er auch die natürlichen Vorzüge, etwa dass es nützlich und köstlich ist. Aber er spricht von Schwester Wasser. Eine Schwester verkauft, beschmutzt oder missachtet man nicht. Man ehrt sie vielmehr. Nicht weil man sie braucht, sondern weil man sie liebt.

Hier am Lago di Piediluco, im „Eingangsbereich" des Valle Santa, wie die Einheimischen das Rietital wegen seiner vielen Heiligtümer auch nennen, spielt auch eine Geschichte, die die Einstellung des Franziskus nicht nur zum Wasser, sondern zu allen Geschöpfen deutlich macht:

Als er eines Tages auf dem Lago di Piediluco in der Nähe eines Hafenplatzes in einem Schifflein saß, fing ein Fischer gerade einen großen Fisch von der Art, die im Volksmund Schleie heißt, und bot ihn von Herzen dem Heiligen an. Heiter und freundlich nahm dieser den Fisch und begann ihn Bruder zu nennen. Er setzte ihn außerhalb des Schiffleins ins Wasser und fing an, andächtig den Namen des Herrn zu preisen. Und jener Fisch spielte eine Zeitlang, nämlich solange Franziskus im Gebete verharrte, neben dem Schifflein im

Wasser und wich nicht von der Stelle, bis der Heilige Gottes
nach seinem Gebet ihm die Erlaubnis gab wegzuschwimmen.

Soweit Thomas von Celano. Wie glaubwürdig man diese
Erzählung findet, ist zweitrangig. Denn sie ist nichts anderes
als eine weitere Episode aus der langen Reihe derer, die vom
liebevollen Umgang von Franziskus mit den Tieren berichten
und deren bekannteste wohl die Vogelpredigt ist.

Uns kann sie lehren, dass auch wir geschwisterlich mit der
Schöpfung und ihren Geschöpfen umgehen, dass wir die
belebte wie die unbelebte Natur mit Ehrfurcht und Achtsam-
keit behandeln und nicht ausbeuten.

C ABENDIMPULS

Das Prinzip aller Dinge ist Wasser; aus Wasser ist alles, und
ins Wasser kehrt alles zurück.

Anfang und Ende ist das Wasser – auch im Christentum. Von
der Taufe bis zum Begräbnisritus ist das Wasser dabei, es

steht sinnbildlich für die Reinheit, für den Idealzustand des Menschen, ohne Sünde, ohne Makel.

Ohne Wasser ist der Mensch aber auch insgesamt nicht existent, schon allein, weil wir zu 60 – 80 % aus Wasser bestehen. Die Kostbarkeit und die Unersetzlichkeit des Wassers begleiten uns also immer, und beim Pilgern hier in Italien wird oder wurde uns das besonders bewusst.

Nehmen wir uns vor, an den kommenden Tagen bewusst nach Möglichkeiten zu suchen, achtsamer als sonst mit dem Wasser umzugehen – und vielleicht nehmen wir auch eine Inspiration von hier mit in den Alltag daheim.

Trinken wir nun ganz bewusst noch ein paar Schlucke Wasser. Spüren wir ihm nach, wie es durch die Kehle rinnt und bereiten wir uns so auf die Nachtruhe vor.

Legen wir unsere Gedanken in das folgende kurze Gebet:

Guter Gott, ich bin beeindruckt von der Kraft und Schönheit des Wassers, ich freue mich darüber, dass ich genug davon habe und danke dir dafür! Hilf allen Menschen, die unter Durst und anderem Mangel leiden, schütze diejenigen, die übers Wasser flüchten müssen und sei bei denen, deren Leben durch Wasser, das durch den Klimawandel und das Abschmelzen der Polkappen ihre Heimat zu überfluten droht, gefährdet ist. Schenke mir selbst die Erkenntnis, mit dem Wasser sinnvoll, bewusst und gut umzugehen. Lass mich morgen mit neuem Mut erwachen – und in Vorfreude auf einen Tag, an dem du mich wieder mit Wasser versorgst! Amen.

23. Piediluco – Poggio Bustone: GEHORSAM

A MORGENIMPULS

Unser Motto speist sich heute aus den beiden legendären Begebenheiten aus dem Franziskusleben, die wir heute an unserem Höhepunkt, der wunderbaren „Buche des hl. Franziskus" (Faggio di S. Francesco) in den Bergen des Apennin kennenlernen. Deren gemeinsamer Nenner ist für Thomas von Celano der Gehorsam des Franziskus Gott gegenüber, der damit belohnt wird, dass ihm dafür die Geschöpfe gehorchen. Grund genug, über eines der Gelübde der franziskanischen Orden nachzudenken.

Unser heutiger, wunderbar rhythmischer und dadurch auch als Mantra auf den teilweise steilen Aufstiegen gut verwendbarer Impuls kommt von William Shakespeare (1564 - 1616):

GEHORCHEN LERN' ICH, EH' ICH LIEBEN WILL.

B UNTERWEGS

Bei der Faggio di S. Francesco

Wieder einmal haben wir einen sperrigen und für uns zunächst eher unbequemen Begriff als Tagesmotto. Vielleicht hat uns der Impuls schon ein wenig damit versöhnt, dass er Liebe und Gehorsam zusammenbringt. Aber spontan denken wir wohl alle an das Folgsam-Sein als Kind, an die Konflikte als Jugendliche/r, wenn man nicht mehr so brav war wie die Eltern es sich vorstellten, oder an Auseinandersetzungen mit Vorgesetzten im Erwachsenenalter. Alles eher unangenehme Situationen.

Warum also ist bis heute der Gehorsam neben Armut und

Keuschheit eine der franziskanischen Ordensregeln? Weil Gemeinschaften nur dann funktionieren, wenn einer das Sagen hat und die anderen eher widerstandslos gehorchen? Praktisch ist das sicher einer der Vorzüge. Bis heute aber wird in den franziskanischen Orden – im Gegensatz zu sonstigen – der Ordensobere immer nur für eine kurze Zeit gewählt, bevor er sich seinem Nachfolger wieder im Gehorsam unterordnet. Ein Modell des steten Wechsels als Gegenentwurf zu Machtfülle wie wir sie sonst beispielsweise aus Chefetagen kennen.

Auch Franziskus selbst hat nie nach Hierarchie gestrebt, eher im Gegenteil. Er wollte vielmehr gehorsam sein. Vor allem Gott gegenüber. Aber auch denen, die hier auf Erden seiner Überzeugung nach Gott und seinen Willen repräsentieren: Papst und Kirche, später auch sein eigener Ordensoberer, der er selbst nie sein wollte.

Dieser Gehorsam der Kirche gegenüber war allerdings auch dringend geboten, da sich die Ketzerbewegungen von ihrem Armutsgedanken und der Absage an die Welt ja auf den ersten Blick nicht sehr von der franziskanischen Bewegung unterschieden und zunächst bestimmt die Gefahr bestand, dass die junge Gemeinschaft mit den Katharern, Albigensern und wie sie alle hießen, in einen Topf geworfen würde. Nicht aber dadurch, dass Franziskus von vornherein klar machte, dass er sich dem Papst unterwarf, dass er ihm gehorsam sein wollte – auf ihn hörte, zu ihm gehören wollte.

Was wiederum nicht heißt, dass er nicht auch die verschwenderischen und reichen Strukturen in Rom kritisierte. Gehorsam ist kein Kadavergehorsam, sondern konstruktives Miteinander, ein Sich-Auseinandersetzen, aber dennoch so, dass die Autorität des Gegenübers geachtet wird.

Die lokale Tradition siedelt an diesem Ort hier zwei Erlebnisse an: Zum einen suchte Franziskus hier in den Bergen bei einem starken Sturm Zuflucht unter dieser Buche, und durch sein Gebet bogen sich die Zweige zu einem Regenschirm. Zum anderen hatte Franziskus, der während seiner Krankheit einen Esel als Fortbewegungsmittel nutzte, diesen weiter unten in einem der Dörfer beschlagen lassen und dem Schmied dafür herzlich und im Namen Gottes gedankt. Dieser bemerkte dann, dass er zwar den Dank, aber kein Geld bekommen hatte, lief Franziskus nach, erreichte ihn hier oben und forderte seine Bezahlung. Franziskus bat daraufhin den Esel darum, die Hufeisen freiwillig wieder herzugeben, und das Tier tat dies auf wundersame Weise.

Solche Ereignisse wie diese fasst Thomas von Celano in der ersten Biografie zusammen und interpretiert sie als Beweis für die Heiligkeit des Franziskus:

Weil Franziskus selbst auf dem Wege des Gehorsams wandelte und das Joch der Unterwerfung unter den göttlichen Willen auf sich nahm, erlangte er von Gott die hohe Aus-

zeichnung, dass ihm die Geschöpfe gehorsam waren. In Wahrheit muss der ein Heiliger sein, dem die Geschöpfe so gehorchen und auf dessen Wink hin selbst die Elemente sich verwandeln und zu anderem gebrauchen lassen.

Gehorsam als Ausgangspunkt für Wunder? Zumindest steckt im Gehorsam ein Sich-Zurücknehmen, ein Sich-Verlassen darauf, dass es ein anderer gut mit mir meint. Und wenn dieser „andere" Gott ist, dann sind dieses Gottvertrauen und der Glaube an die Güte Gottes keine schlechte Voraussetzung dafür, dass ein Wunder geschehen kann.

C ABENDIMPULS

Gehorchen lern' ich, eh' ich lieben will.

Franziskus gehorcht – etwa bei seiner Umkehr aus dem Kreuzzug oder in S. Damiano – und damit verwandelt sich sein Leben in das eines Liebenden, eines Gott Liebenden.

Wenn wir lieben, bemerken wir diesen Zusammenhang auch: Ich denke nicht mehr nur an mich, sondern an das geliebte Gegenüber, ich nehme mich zurück, ich vertraue mich an. Gehorsam nennen wir das zwar selten, aber die sprachliche Wurzel, das Aufeinander-Hören, trifft es doch recht gut. Auch das Zueinander-Ge-hören. Gehorsam als Gegensatz zu Egozentrik, als Basis für Gemeinschaft.

Ich denke an meine Beziehungen, an die Menschen, die ich liebe. Bin ich da in diesem Sinne gehorsam? Oder denke ich zuerst an mich? Auf wen höre ich? Auf Gott?

Nehmen wir uns einige Minuten Zeit der Stille und Reflexion!

Legen wir unsere Gedanken in das folgende kurze Gebet:

113

Guter Gott, oft bin ich ungehorsam, und zwar nicht (nur) in dem Sinne, dass ich Befehlen keine Folge leiste, sondern dass ich zu wenig auf andere höre. Diese Sicht auf den Gehorsam möchte ich in mein Leben integrieren. Lehre mich, den anderen zuzuhören, ihnen vorurteilslos zu begegnen und darauf zu vertrauen, dass sie es gut mit mir meinen. Zeige mir Bescheidenheit, Zurückhaltung und Freude über die Liebe, die mir entgegengebracht wird. Segne meine Nachtruhe und lass mich morgen mit neuem Mut und neuer Kraft erwachen – und in Vorfreude auf einen schönen Pilgertag! Amen.

24. Poggio Bustone – Rieti: WUNDER

A MORGENIMPULS

Unser Motto speist sich heute aus mehreren Wunderge-
schichten, die uns unterwegs begegnen. In S. Felice all´
Acqua sprudelt durch und seit dem Kapuzinerbruder Felix
von Cantalice Wasser aus dem Boden, weitere Legenden
berichten von einer großen Wundertätigkeit dieses Heiligen,
der sogar Kinder wiederbelebt haben soll. Und Franziskus
wirkt ein Wunder an dem zauberhaften Ort La Foresta.

Wunder – das klingt vorwissenschaftlich und naiv. Wir ver-
langen heute Beweise oder wenigstens Nachvollziehbarkeit.
Dieser Skepsis hielt schon Augustinus (354 - 430) folgendes
Zitat entgegen, das uns heute als Impuls dient:

WUNDER GESCHEHEN NICHT IM WIDERSPRUCH ZUR NATUR, SON-
DERN NUR IM WIDERSPRUCH ZU DEM, WAS UNS ÜBER DIE NATUR
BEKANNT IST.

B UNTERWEGS

La Foresta

Der Blick fällt ganz unwillkürlich auf den schön hergerichteten (Wein-)Garten des Klosters, in dem sich laut mehreren franziskanischen Schriften folgendes zugetragen haben soll:

Als Franziskus in die Nähe von Rieti gekommen war, kam ihm eine große Menge Volkes entgegen, so dass er deshalb gar nicht in die Stadt hineingehen wollte, sondern sich zu einer Kirche begab, die etwa zwei Meilen von der Stadt entfernt war. Die Bürger aber erfuhren, dass er sich bei dieser Kirche aufhielt, und eilten in Scharen herbei, um ihn zu sehen, so dass dabei der ganze Weinberg der Kirche verwüstet und die Trauben vollständig abgeerntet wurden. Darüber grämte sich der Priester so sehr in seinem Herzen, dass er bereute, den heiligen Franziskus in seiner Kirche aufgenommen zu haben. Weil dem heiligen Franziskus aber von Gott dieser Gedanke des Priesters geoffenbart wurde, ließ er ihn zu sich rufen und sagte ihm: „Liebster Vater, wie viel Wein bringt dir dieser Weinberg, wenn er gut trägt?" Der Priester antwortete: „Knapp 1500 Liter." Der heilige Franziskus erwiderte: „Ich bitte dich, Vater, meinen Aufenthalt hier noch einige Tage in Geduld zu ertragen, denn ich finde hier sehr viel Ruhe. Lass nur um der Liebe Gottes jedermann Trauben von deinem Weinberg pflücken. Ich aber verspreche dir im Namen meines Herrn Jesus Christus, dass er dir dieses Jahr fast 1000 Liter mehr tragen wird." Der Priester vertraute auf die Verheißung des heiligen Franziskus und überließ freiwillig den Weinberg denen, die zu ihm kamen. Was für ein Wunder! Der Weinberg wurde völlig verwüstet und abgeerntet, so dass kaum noch ein paar Träubchen übrig blieben. Der Priester sammelte diese Träubchen, warf sie in die Kelter und presste sie. Und entsprechend der Verheißung des heiligen Franziskus erntete er 2400 Liter besten Weines.

Ein Wunder der Weinvermehrung lässt natürlich an Jesus und die Hochzeit von Kanaan denken. Dort wird Wasser zu Wein, hier sind es ein paar kümmerliche Träubchen, die auf die Fürsprache des Franziskus mehr Ertrag bringen als der ganze Weinberg sonst.

Was uns von der Natur bekannt ist, das würde hier bedeuten: Das war es mit der Ernte. Dieses Jahr fällt sie aus. Daher ärgert sich auch der Priester so. Er weiß das. Aber das Wunder geschieht. Im Widerspruch dazu. Und noch weit über das Normalmaß hinaus. Über die Vorstellungskraft. Warum ist das so?

Weil der Priester das zwar weiß, aber dennoch dem Versprechen des Franziskus glaubt. Der wiederum vertraut auf Gott. Der Priester überlässt den Weinberg und seinen Jahresvorrat an dem Getränk dem Willen Gottes. Die Menschen dürfen sich bedienen. Gott wird es schon, trotzdem, richten. Oder gerade deswegen?

Immer dann, wenn ein Mensch Dinge für möglich hält, die unmöglich scheinen, öffnet sich die Tür für ein Wunder.

Wenn wir die Geschichte auf diese Aussage reduzieren, fallen uns bestimmt Ereignisse auch in unserem Leben ein, wo zunächst Unmöglich Erscheinendes möglich wird. Dadurch, dass man über sich selbst hinauswächst – ob ganz physisch bei einer Höchstleistung im Sport oder psychisch bei einer ausgestreckten Hand im Streit. Oder dadurch, dass man vertraut, dass schon alles gut wird, auch wenn wir es gerade absolut nicht so sehen.

Denken wir an die Wunder in unserem Leben und wandern wir so die letzten einfachen Abwärtskilometer hinein nach Rieti!

C ABENDIMPULS

Wunder geschehen nicht im Widerspruch zur Natur, sondern nur im Widerspruch zu dem, was uns über die Natur bekannt ist.

Ein Tag voller Wunder liegt hinter uns. Wunder aus der Geschichte oder Legende der Heiligen, aber auch Wunder unseres Lebens, die uns eingefallen sind, oder auch Wunder unterwegs: Das Blümchen, das sich durch den Teer bohrt, das Auto, das sorgsam abbremst, der Gartenbesitzer, der mir Wasser aus seinem Gartenschlauch anbot, die Freundlichkeit der Menschen, das Wetter, die Laune, ...

Ich ertappe mich dabei, Wunder zu übersehen, es für selbstverständlich zu halten, dass das Wunder meines Körpers funktioniert, dass die Beine laufen, die Verdauung in Ordnung ist und das Herz schlägt.

In Dankbarkeit will ich nun all der kleinen und großen Wunder dieses Tages gedenken.

Legen wir unsere Gedanken in das folgende kurze Gebet:

Guter Gott, ich vergesse oft, dir zu danken für all die Wunder meines Lebens, für meine Eltern, die es mir geschenkt haben, für meine Gesundheit, für meine Freunde, für alle und alles, was mein Leben reich und schön macht. Erinnere mich immer wieder an die Freude darüber und das Vertrauen darauf, wenn es einmal nicht so läuft wie geplant! Gib mir auch an den kommenden Tagen Offenheit und Dankbarkeit für die Wunder deiner Schöpfung, lass mich morgen mit neuem Mut und neuer Kraft erwachen – und in Vorfreude auf einen schönen Pilgertag! Amen.

A MORGENIMPULS

Unser Motto speist sich heute hoffentlich aus keinen aktuellen Erfahrungen, sondern aus dem Leben des Franziskus, der in Fontecolombo mit Schmerzen umgehen musste. Zum einen waren dies die eklatanten physischen Schmerzen, die er infolge einer Augenoperation ertragen musste, zum anderen aber wohl auch die seelischen Schmerzen, da er die Regel seines Ordens immer wieder ändern und sich von seinen ursprünglichen Vorgaben entfernen musste. Der Druck der Kurie, aber auch von den Mitbrüdern, die ein so strenges Leben nicht festschreiben (lassen) wollten, trieb Franziskus sicher um.

Unser Impuls stammt von E. C. v. Kleist (1715 – 1759) und geht den Gegensätzen nach, die wir alle kennen und die auch Franziskus vertraut waren, der schließlich ja auch in den Schmerzen seiner Krankheit das Freudenlied des Sonnengesanges anstimmte:

DER SCHMERZ MACHT, DASS WIR DIE FREUDE FÜHLEN, SO WIE DAS BÖSE MACHT, DASS WIR DAS GUTE ERKENNEN.

B UNTERWEGS

In Fontecolombo

Bei unserem Rundgang haben wir vermutlich schon die Grotten aufgesucht, in denen Franziskus an der umstrittenen Regel arbeitete, die letztlich ihre „Absegnung" durch eine Christuserscheinung erhielt – und danach auch von Rom bestätigt wurde. Das Hin und Her rund um diese Regelabfassung, besonders um die Verpflichtungen zur Armut, die er ja oft als seine Braut bezeichnete, haben Franziskus sicher innerlich stark und wohl auch schmerzlich beschäftigt.

Das kennen wir vermutlich auch. Etwas, woran mir viel liegt, wird verhindert. Das macht immer zu schaffen. Man hadert mit sich und den anderen, ob sie vielleicht nicht doch Recht haben. Und wir leiden eigentlich in jedem Fall – wenn wir unser Ding dennoch durchziehen, am Unverständnis und an der Ablehnung, wenn es verhindert wird, am Misserfolg. Psychische Schmerzen heilen langsam, meist bleiben Narben zurück.

Im hiesigen Kloster selber war aber auch die körperliche Leidensfähigkeit des Franziskus gefordert. Der besondere Umgang mit der Angst und den Schmerzen überrascht:

Als Franziskus in die Einsiedelei Fontecolombo gekommen war, um seine Augenkrankheit behandeln zu lassen, wozu er im Gehorsam gezwungen worden war, kam eines Tages der Arzt zu ihm. Dieser schaute sich die Erkrankung an und sprach zum seligen Franziskus, er wolle über die Wange bis zur Braue jenes Auges, das schlechter war als das andere, eine Ätzung vornehmen. Als das Eisen ins Feuer gelegt worden war, wollte Franziskus seinen Geist stärken, um nicht zurückzuschaudern, und sprach so zum Feuer: „Mein Bruder Feuer, vornehm und nützlich unter den Geschöpfen, sei in dieser Stunde höflich zu mir, denn ich habe dich von jeher geliebt und will dich lieben mit der Liebe dessen, der dich geschaffen hat. Ich bitte auch unseren Schöpfer, er möge deine Glut mildern, damit ich sie ertragen kann." Nach Beendigung des Gebetes bezeichnete er das Feuer mit dem Kreuzzeichen. Wir aber, die wir mit ihm zusammen gewesen sind, flohen damals alle aus Mitgefühl mit ihm, allein der Arzt blieb mit ihm zurück. Erst als die brennende Ätzung erfolgt war, kehrten wir zurück, und er sagte zu uns: „Ihr Kleinmütigen und Kleingläubigen, warum seid ihr geflohen? In Wahr-

heit sage ich euch, ich habe weder Schmerz noch die Hitze des Feuers gespürt." Darüber war der Arzt sehr erstaunt und sprach: „Meine Brüder, ich sage euch, nicht nur bei ihm, der so schwach und krank ist, sondern beim stärksten Mann müsste ich befürchten, dass er eine so starke Ätzung nicht aushalten könnte. Dieser aber hat sich nicht gerührt und nicht das geringste Zeichen von Schmerz gezeigt." Es war notwendig, alle Adern vom Ohr bis zu den Augenbrauen zu verätzen, aber es half ihm dennoch nichts. Ebenso durchstach ein anderer Arzt seine beiden Ohrläppchen mit einem glühenden Eisen, und es hat ihm nicht geholfen.

Die brutalen Methoden früherer ärztlicher Kunst lassen uns allein schon erschaudern – und Franziskus geht es da zunächst nicht anders. Was er dagegen tut, ist aber interessant: Er spricht mit dem Feuer, das ihn gleich brennen wird, und segnet es. Und tatsächlich geht die Behandlung, die sonst den stärksten Mann umhaut, ohne Schmerzen ab – leider auch ohne Erfolg. Das hat allerdings dann sicher wieder Schmerzen zur Folge!

Was kann uns das sagen? Sollen wir nun das nächste Mal mit dem Zahnarztbohrer sprechen? So konkret ist das sicher unsinnig. Was wir uns aber merken können, ist die positive Einstellung des Franziskus dem gegenüber, was ihn nun bald quälen wird. In der modernen Psychologie würde man das wohl Selbstsuggestion mit positiver Energie nennen. Das kann durchaus helfen.

Dazu kommt, dass er auf die Schmerzen zugeht und sie nicht verleugnet - eine völlige Umkehr von der Verdrängung und dem Ideal des „tapferen Kriegers", die vermutlich auch im Mittelalter in Kindertagen üblicherweise (besonders an Jungen) vermittelt wurde und heute noch wird.

Wir können auf dem noch langen Weg, der uns einige Male bergauf und bergab führen wird, über die innere Kraft nachdenken, die es schaffen kann, Schmerzen zu überwinden.

C ABENDIMPULS

Der Schmerz macht, dass wir die Freude fühlen, so wie das Böse macht, dass wir das Gute erkennen.

Kleist spricht hier vom Dualismus, wie wir ihn beim Unterschied von Licht und Schatten, Gut und Böse, Schmerz und Freude, Leid und Glück erleben. Bei Franziskus und seinem

Umgang mit dem Schmerz bekommt das Zitat noch eine andere Qualität: Wir können auch dem Leid, den Schmerzen, den unguten Situationen positiv begegnen – und ihnen dadurch die Gewalt über uns nehmen.

Welche Situationen sind mir eingefallen, denen ich durch positives Denken ihre negative Spitze genommen habe? Oder nehmen hätten können? Welche Anfrage ist dies an meine Lebenseinstellung, die meist mehr von Skepsis und Kritik als von Lobpreis und Freude geprägt ist? Kann, will ich daran etwas ändern?

Legen wir unsere Gedanken in das folgende kurze Gebet:

Guter Gott, ich suche oft nach Wegen, wie ich mit dem umgehen kann, was mich belastet, ängstigt, quält oder schmerzt. Meist vergrabe ich mich in diesen negativen Gefühlen. Befreie mich aus diesem Gedankenkarussell und lass mich erkennen, dass du alles Böse in Gutes verwandeln kannst. Lass mich morgen mit neuem Mut erwachen – und in Vorfreude auf einen schönen Pilgertag! Amen.

A MORGENIMPULS

Unser Motto speist sich heute aus mehreren Episoden, die sich im von Franziskus sehr gern besuchten Kloster Greccio zutrugen. In der lebensechten Darstellung der Geburt Jesu will Franziskus die große Armut zeigen, in welcher der Sohn Gottes auf die Welt kam. Dass diese Armut aber schwer zu ertragen ist und selbst von seinen Gefährten nicht so praktiziert wird wie Franziskus sich das vorstellte, zeigt eine andere Geschichte. Beide stellen wir heute bei unserem „Impuls unterwegs" einfach so hin, ohne Kommentar, dafür gibt es ausnahmsweise jetzt eine längere Hinführung:

Die Armut ist das Charakteristische der franziskanischen Bewegung. Gehorsam und Keuschheit, die beiden anderen Gelübde, waren schon zur Zeit des Franziskus in anderen Orden Zeichen der Lebensform als Mönche oder Klosterschwestern. Franziskus erkannte in der Armut und Bedürfnislosigkeit eine Freiheit, die er zuvor als reicher Kaufmannssohn wohl nie gespürt hatte. Und er erkannte darin die Botschaft des Evangeliums, in dem u.a. der reiche Jüngling ja alles verkaufen soll, was er hat, und dann erst Jesus nachfolgen darf.

Für uns ist Armut negativ besetzt. Wir sehen sie als Mangel, als Ursache für Hunger, Krankheiten, Tod. Wir bekämpfen sie durch Spenden, öffentliche Gelder fließen in Armutsbekämpfung bei uns und in der Welt. Diese Armut ist schlecht. Sie entspringt der Ungerechtigkeit, der Ungleichheit in den Lebensumständen zwischen Reich und Arm. Wir wollen, dass alle reich sind. Auch Franziskus sah genau diese Gegensätzlichkeit. Sein Modell war nur anders herum: Er wollte, dass alle arm sind! Im Sinne von bedürfnislos, von teilend, von sozial. Der Franziskaner Iacopone da Todi (1230 - 1306) fasst diese Auffassung folgendermaßen zusammen – sie sei unser heutiger Impuls:

ARMUT, DAS HEIßT, NICHTS BESITZEN UND NACH NICHTS VERLANGEN SPÜREN. UND DOCH ALLE DINGE BESITZEN, DOCH IM GEIST VOLLKOMMENER FREIHEIT.

B UNTERWEGS

Im Santuario di Greccio

Betrachten wir beide erwähnten Ereignisse, wie sie uns von Thomas von Celano (gekürzt) überliefert sind – zunächst die berühmte Krippenfeier:

Im dritten Jahr vor seinem Hinscheiden sprach Franziskus bei Greccio: „Ich möchte das Gedächtnis an jenes Kind begehen, das in Bethlehem geboren wurde, und ich möchte die Not, die es schon als kleines Kind zu leiden hatte, wie es in eine Krippe gelegt, an der Ochs und Esel standen, und wie es auf Heu gebettet wurde, so greifbar als möglich mit leiblichen Augen schauen." Es nahte der Tag der Freude. Männer und Frauen der Gegend bereiteten freudig Kerzen und Fackeln, um damit jene Nacht zu erleuchten, die alle Tage und Jahre erhellt hat. Endlich kam der Heilige Gottes, fand alles vorbereitet, sah es und freute sich. Nun wird eine Krippe zurechtgemacht, Heu gebracht, Ochs und Esel hergeführt. Zu Ehren kommt da die Einfalt, die Armut wird erhöht, die Demut gepriesen, und aus Greccio wird gleichsam ein neues Bethlehem. Hell wie der Tag wird die Nacht. Die Leute eilen herbei und werden bei dem neuen Geheimnis mit Freude erfüllt. Der Wald erschallt von den Stimmen, und Felsen hallen wider vom Jubel. Die Brüder singen und bringen dem Herrn Lob dar, und die ganze Nacht jauchzt auf in hellem Jubel. Der Heilige Gottes steht an der Krippe, er seufzt von heiliger Andacht durchschauert und von wunderbarer Freude überströmt. Über der Krippe wird ein Hochamt gefeiert. Da legt der Heilige Gottes die Levitengewänder an – denn er war Diakon – und singt mit wohlklingender Stimme das heilige Evangelium. Dann predigt er dem Volk von der Geburt des armen Königs und bricht in Lobpreis über die kleine Stadt Bethlehem aus. Es vervielfachten sich dort die Gaben des Allmächtigen, und ein frommer Mann hatte eine Vision. Er sah nämlich in der Krippe ein lebloses Knäblein liegen; zu diesem sah er den Heiligen Gottes hinzutreten und das Kind wie aus tiefem Schlaf erwecken. Gar nicht unzutreffend ist diese Vision; denn der Jesusknabe war in vieler Herzen vergessen. Da wurde er in ihnen mit Gottes Gnade durch Franziskus wiedererweckt und zu eifrigem Gedenken eingeprägt. Endlich beschließt man die Feier, und ein jeder kehrt in seliger Freude nach Hause zurück.

An einem Osterfest spielt eine andere Geschichte, ein Lehrstück für die Brüder zum Thema Armut:

An einem Osterfest hatten die Brüder in der Einsiedelei zu Greccio den Tisch etwas sorgfältiger als sonst mit weißem Linnen und Glasgeschirr gedeckt. Franziskus steigt von seiner Zelle herab, kommt zu Tisch und sieht, wie derselbe reichlich gedeckt und eitel geschmückt ist. Doch er hat kein Lächeln für die lachende Tafel. Heimlich und Schritt für Schritt zieht er sich zurück, setzt sich den Hut eines Armen, der gerade da war, auf das Haupt, nimmt einen Stock in die Hand und geht hinaus. Draußen vor der Tür wartet er, bis die Brüder mit dem Essen beginnen. Sie waren ja gewohnt, nicht auf ihn zu warten, wenn er auf das Zeichen hin nicht kam. Als sie mit dem Essen beginnen, ruft er an der Tür: „Um der Liebe Gottes des Herrn willen gebt diesem armen und schwachen Pilger ein Almosen!" „Tritt ein, Mann", antworten die Brüder, „um der Liebe dessen willen, den du angerufen hast." Sofort tritt er ein und stellt sich den Essenden vor. Man reicht dem Bittenden ein Schüsselchen; dann lässt er sich

126

allein auf dem Boden nieder und stellt seine Schale in die
Asche. „Jetzt sitze ich zu Tisch", spricht er, „wie ein Minder-
bruder." Und zu den Brüdern gewandt fährt er fort: „Uns müs-
sen mehr als die anderen Ordensleute die Beispiele der Ar-
mut des Gottessohnes verpflichten. Ich sah die zugerüstete
und geschmückte Tafel und habe sie nicht wiedererkannt als
die der Armen, die von Tür zu Tür ziehen."

C ABENDIMPULS

Armut, das heißt, nichts besitzen und nach nichts Verlangen
spüren. Und doch alle Dinge besitzen, doch im Geist vollkommener Freiheit.

Vielleicht ist uns dieser Gedanke der Genügsamkeit, dieses
„wie wenig wir zum Leben brauchen, um glücklich zu sein",
schon öfters begegnet, vermutlich auch hier beim Pilgern.

Warum setze ich ihn im Alltag so selten um? Warum bedeutet
Verzicht auf eigentlich unnötige Dinge für mich Verlust? Sollte
ich nicht genau da ansetzen, um die Ungerechtigkeit auf der
Welt zu lindern?

Legen wir unsere Gedanken in das folgende kurze Gebet:

Guter Gott, ich strebe oft nach Dingen, die mich langfristig
nicht glücklich machen. Im schlimmsten Fall müssen dafür
andere Menschen unter unwürdigen Bedingungen arbeiten,
auf jeden Fall aber wird durch meinen unnötigen Konsum das
Leben auf der Erde nicht besser. Mach mein Herz frei von der
Jagd nach gerade angesagten Moden oder nach Statussym-
bolen und schenke mir stattdessen Genügsamkeit und Freude an den kleinen, einfachen Dingen. Lass mich morgen mit
neuem Mut und neuer Kraft erwachen – und in Vorfreude auf
einen langen Pilgertag! Amen.

A MORGENIMPULS

Unser Motto speist sich heute aus unserem Weg: Der Cammino dei Protomartiri Francescani (Weg der ersten franziskanischen Märtyrer) begleitet uns den ganzen Tag. Er führt durch Aguzzo, den Geburtsort eines dieser Glaubenszeugen, des hl. Accursius, und endet in Calvi, dem Geburtsort des hl. Berard, des Leiters dieser Gruppe aus Minderbrüdern, die alle in Marokko ihr Leben ließen. Im Januar 1220, also nicht einmal ein halbes Jahr nach der Begegnung des Franziskus mit dem Sultan el Malik el Kamil im September in Damiette - dem heutigen Dumyat - in Ägypten, waren die fünf Brüder bereits im damals maurischen Sevilla in Andalusien wegen ihrer Missionstätigkeit verhaftet worden. Dennoch setzten sie in Marrakesch ihre Versuche fort, die islamischen Einwohner und ihren Herrscher zu bekehren. Dieser aber ließ sie grausam foltern und enthauptete sie eigenhändig.

Unser heutiger Impuls aus 1 Joh 5, 11 war ihnen in dieser Situation sicher Leitschnur und Halt:

DARIN BESTEHT DAS ZEUGNIS, DASS UNS GOTT DAS EWIGE LEBEN GEGEBEN HAT.

B UNTERWEGS

Sacro Speco

Die wunderschön gelegene und stille Einsiedelei ist in ihrer Ursprünglichkeit gut geeignet, sich in die Anfänge des Franziskanerordens zurückzudenken. Franziskus weilte oft hier im Gebet, und ein Wunder ist auch überliefert:

Wasser verwandelte sich ihm in Wein, als er einmal in der Einsiedelei Sant'Urbano an einer schweren Krankheit danie-derlag. Als er davon kostete, genas er so rasch, dass alle glaubten, Gott habe ein Wunder gewirkt, was es ja auch war.

Eine solche Heilung steht fast diametral dem gegenüber, was wir heute ausgehend von den Lebenszeugnissen der fünf Erzmärtyrer bedenken. Könnte man meinen. Oder?

Wunder sind auch Zeugnisse – und dieses ein Zeugnis für das physische (Weiter-)Leben des Franziskus. Auch solche Ereignisse sprechen an, beeinflussen andere, begeistern sie.

Das Zeugnis des Sterbens der franziskanischen Protomärty-rer vermochte dies aber auch – und zwar bei einem recht prominenten späteren Heiligen: Ihr Lebenszeugnis beein-flusste einen gewissen Kanoniker Fernando Martins in Santa Cruz nachhaltig. Er hatte die fünf Brüder kennengelernt und erfuhr rasch von ihrem Martyrium. Ihre Reliquien wurden ins portugiesische Coimbra gebracht, wo sie bis heute verehrt werden. Fernando aber entschied sich, Franziskaner zu wer-den, nahm den Ordensnamen Antonius an und erlangte bald bei seinem Wirken in Italien höchstes Ansehen durch seine mitreißenden Predigten und sein heiligmäßiges Leben. Wir kennen ihn bis heute als Antonius von Padua, also den Schutzheiligen, der angerufen wird, wenn etwas Verlorenge-gangenes wiedergefunden werden soll.

Ihn beeindruckten die Persönlichkeit und die unbeugsame Standhaftigkeit der Minderbrüder, die bis in den Tod ging.

Der Johannesbrief, aus dem unser Impuls stammt, kannte schon die Verfolgungssituation der frühen Kirche. Kurz vor unserer Textstelle (1 Joh 5, 7f) heißt es daher:

Und es gibt drei Dinge, die Zeugnis ablegen auf Erden: Der Geist und das Wasser und das Blut.

Die Reihenfolge ist interessant und wohl als Steigerung gesehen. Im Geist Christ sein, für sich selbst, ist auch bereits Zeugnis. Die Taufe dann ein deutliches, handfestes Zeichen der Zugehörigkeit zur Gemeinschaft der Kirche. Wer aber sein Blut, sein Leben für seinen Glauben hingibt, dessen Zeugnis ist nicht mehr zu steigern.

Diese Denkweise ist auch bei Franziskus immer wieder bemerkbar, wenn in den Schriften von seiner Sehnsucht nach der „Krone des Martyriums" berichtet wird. Doch sein Lebenszeugnis ist ein anderes: Er stirbt nicht im Kreuzzug, der Sultan, mit dem er spricht, findet ihn so beeindruckend, dass er ihn beschenkt und leben lässt. Er stirbt nach Jahren der Krankheit, gezeichnet von den Wunden der Stigmata nackt auf dem Boden liegend daheim bei „seiner" Portiuncula-Kapelle.

C ABENDIMPULS

Darin besteht das Zeugnis, dass uns Gott das ewige Leben gegeben hat.

Unser Pilgertag war auch ein Zeugnis – eines des Durchhaltens und der Anstrengung. Der Weg der franziskanischen Protomärtyrer hat uns an das letzte umbrisches Ziel geführt.

Zum Glück müssen wir uns im Prinzip nicht mit dem Gedanken an ein blutiges und daher „rotes Martyrium" befassen. Aber es gibt drei verschiedene Arten von Martyrium – diese setzten sich im 1. Jahrtausend von Irland aus im Christentum durch. Da es in Irland keine Verfolgung gab, erfanden die irischen Christen das weiße oder grüne Martyrium. Wer sein Leben als Asket in der Stille und Einfachheit der Natur verbrachte, erlangte das grüne, und wer die Heimat verließ, um anderswo den Glauben zu verbreiten, das weiße Martyrium.

Diese beiden Arten können wir zumindest in Grundzügen in unserem Leben umsetzen. Bescheiden dem Konsumzwang entsagen, meditieren und sich für die Schöpfung einsetzen und/oder selbstbewusst zum eigenen Glauben stehen und ihn zumindest im Kreis der Freunde, Kollegen und Nachbarn vertreten – das könn(t)en wir alle. Wollen wir das auch?

Legen wir unsere Gedanken in das folgende kurze Gebet:

Guter Gott, ich bin froh, den heutigen Weg bewältigt zu haben und danke dir für deinen Beistand, wenn es schwer wurde. Das Beispiel der Protomärtyrer hat mich begleitet und inspiriert, auch über mein eigenes Lebenszeugnis nachzudenken. Schenke mir Ausdauer und Mut auch für diesen Weg, meinen Glauben zu leben und Zeugnis abzulegen von dir. Wache nun über meinen Schlaf und lass mich morgen mit neuer Kraft und neuem Mut erwachen! Amen.

A MORGENIMPULS

Unser Motto speist sich heute aus einer Wundererzählung über Franziskus, dessen Fürbitte bei einer Adelsfamilie aus Calvi, unserem Ausgangspunkt heute, die Sorgen über den Nachwuchs beseitigt. Wir kommen zu einer Stelle, wo wir den Wurzeln der Kirche nachspüren können. In Forum Novum, dem heutigen Vescovio, weht uns der Atem der Urkirche an, und man kann es sich gut vorstellen, dass der heilige Petrus hier war und bei einer befreundeten Christenfamilie wohnte.

Unsere Wurzeln, unsere Herkunft – biologisch oder von unserer Sozialisation her – können wir nicht verleugnen. Sie gehören zu uns, haben uns zu den Persönlichkeiten gemacht, die wir sind. Familie, Heimat, Glaube – sie haben uns geprägt, machen uns vielleicht froh und stolz, oder aber auch nicht.

Im Römerbrief (Röm 11, 16.18) greift Paulus dieses gängige Bild auf. Unser Impuls besteht aus den beiden prägnanten Kernsätzen:

UND WENN DIE WURZEL HEILIG IST, SIND ES AUCH DIE ZWEIGE. (…) WENN DU DICH DESSEN RÜHMST, BEDENKE: NICHT DU TRÄGST DIE WURZEL, SONDERN DIE WURZEL DICH.

B UNTERWEGS

Auf der Anhöhe der Via dei Cappucini

Wir befinden uns zwischen den beiden Bezugspunkten unseres Mottos, haben einen weiten Blick und empfinden nach der schwierigen Passage auch sicher so etwas wie Stolz und Dankbarkeit.

Beide Gefühle haben wir vielleicht auch, wenn wir an unsere Wurzeln denken. Sind wir froh, in Lebensbedingungen hineingeboren zu sein, die keine Not kennen? In eine intakte Familie? In einen Glauben, der mich trägt? Vielleicht müssen wir bei der einen oder anderen Frage Abstriche machen. Welche Gefühle verbinde ich dann mit meiner Verwurzelung?

Manchmal stecken die Wurzeln ja auch nicht mehr vollständig im Erdreich, halten aber dennoch. Beim Aufstieg auf manche Anhöhe haben wir ja manche Wurzeln so kennen- und schätzen gelernt. Vielleicht waren sie dabei gerade deshalb auch ein guter Halt, um sich daran hochzuziehen, weil sie sich nicht voll im Erdreich befanden – also nicht unsichtbar waren.

Lassen wir die beiden Episoden kurz aufleuchten, die auch mit Wurzeln zu tun haben – und mit Vertrauen und göttlichem Beistand in großen diesbezüglichen Sorgen. Zur franziskanischen Wundererzählung begeben wir uns nach Calvi in die Zeit nach dem Tod des Franziskus:

Die Gattin eines Adeligen aus Calvi namens Juliana verbrachte wegen des Todes ihrer Kinder ihre Jahre in Trauer und beklagte ihr unseliges Schicksal, weil sie alle ihre Kinder, die sie in Schmerzen getragen hatte, schon nach kurzer Zeit mit noch größerem Schmerz zu Grabe hatte tragen müssen. Als sie wieder einmal ein Kind empfing, im vierten Monat war und sich wegen ihrer traurigen Erfahrung mehr Sorgen machte wegen des Todes ihres Kindes als wegen dessen Geburt, bat sie voll Glauben den seligen Franziskus um das Leben ihres noch ungeborenen Kindes. Als sie eines Nachts schlief, erschien ihr im Traum eine Frau, die ein schönes Kind in ihren Armen trug und es ihr voll Freude überreichte. Da sie es aber nicht annehmen wollte, weil sie fürchtete, es bald wieder zu verlieren, fügte jene Frau hinzu: „Nimm es ruhig an! Denn das Kind, das dir der heilige Franziskus schickt, wird leben

*und gesund bleiben." Sogleich wachte die Frau auf. Sie er-
kannte, der heilige Franziskus werde ihr mit seiner Fürbitte
beistehen. Darum war sie von nun an froher, mehrte ihre
Gebete und machte Gelöbnisse für das Kind, das sie, wie ihr
versprochen war, behalten sollte. Endlich kam die Zeit, dass
sie gebären sollte, und die Frau gebar einen für sein zartes
Alter kräftigen Jungen.*

Der Stammbaum scheint bedroht – die Kinder sterben alle
früh. Doch Juliana bleibt nicht in ihren Sorgen stecken, sie
vertraut sich Gott und der Fürbitte des Franziskus an. Das
sind ihre eigentlichen Wurzeln, die sie nun tragen. Die ihr die
Vision und damit die Zusage schenken, das Zutrauen, dass
es jetzt endlich besser wird, dass jetzt endlich ein Kind über-
lebt.

Diese Wurzeln tragen auch uns. Und sie trugen besonders
auch die junge Kirche vor etwa 2000 Jahren, deren Spuren
wir bald in Vescovio begegnen.

Petrus, dieser menschliche und sympathische Apostel, eigentlich verheirateter Fischer aus Galiläa, engster Gefährte
Jesu und doch sein Verleugner, war – getrieben vom Pfingst-
geist – zunächst einer der bedeutendsten Leiter der Jerusa-
lemer Urgemeinde und dann in Rom selbst tätig. Und eine
sehr frühe Überlieferung aus dem Jahr 554 gibt an, dass er
auch hier *„in den frühesten Zeiten heimlich im untersten Teil
des Gebäudes des Hauses der Ursacier eine Kirche gründete
und dem Erlöser weihte".* Das Brotbrechen, also die Feier
der Messe, in der Krypta ist gut überliefert.

Wurzeln, hier tatsächlich in der Erde. Im Verborgenen. Sie
sind gewachsen, die Kirche entstand, ein Bistum. Und doch
ist heute hier nichts mehr außer der Geschichte. Außer den
Wurzeln. Diese haben ausgetrieben, blühen und wachsen

134

anderswo – wie wir das von Ablegern einer Pflanze her kennen.

C ABENDIMPULS

Und wenn die Wurzel heilig ist, sind es auch die Zweige. (…)
Wenn du dich dessen rühmst, bedenke: Nicht du trägst die
Wurzel, sondern die Wurzel dich.

Mich trägt die Wurzel. Ein schönes Bild. Aber: Welche Wurzel trägt mich wo, wo-bei, wo-durch?

Vielleicht habe ich heute meinen Wurzeln nachgespürt, habe vielleicht bemerkt, dass manche nicht mehr lebendig sind, abgestorben oder am Absterben. Vielleicht habe ich starke, knorrige Wurzeln in mir entdeckt, vielleicht aber auch Luftwurzeln, die noch nach Erdreich suchen. Egal, alle Wurzeln bedürfen der Pflege und des sorgsamen Umgangs. Und vielleicht habe ich bemerkt, dass in meinen Wurzeln ein Schatz verborgen liegt, den nur ich kenne.

Legen wir unsere Gedanken in das folgende kurze Gebet:

Guter Gott, ich danke dir für meine Verwurzelung. Dabei denke ich an meine Eltern, Paten, Geschwister, Freunde, Lehrer, Pfarrer, an alle, die in irgendeiner Weise damit zu tun haben, dass ich in einem guten Fundament verwurzelt bin, die mir Boden gegeben haben, damit ich austreiben und Wurzeln schlagen konnte. Nur so kann ich wachsen und Früchte bringen. Lass mich die Dankbarkeit, die ich empfinde, ihnen gegenüber zum Ausdruck bringen oder vergelte du ihnen, was sie an mir Gutes getan haben. Lass mich morgen mit neuem Mut und neuer Kraft erwachen – und in Vorfreude auf einen weiteren schönen Pilgertag! Amen.

A MORGENIMPULS

Unser Motto speist sich heute aus beiden Facetten des Wortes: Zum einen haben wir (vorausgesetzt, das Wetter stimmt) zum ersten Mal tatsächlich Aussicht, also den Blick auf unser Pilgerziel, die Stadt Rom. Mindestens die Peterskuppel kann man auf den bald hinter Selci erreichten Anhöhen erblicken.

Es gibt aber auch Aussicht im übertragenen Sinne – als Chance oder Möglichkeit. Wir pilgern gerade wie Franziskus auf Rom zu, er wollte (beim ersten Mal) vom Papst eine Bestätigung der Lebensform seiner wachsenden Gemeinschaft. Hatte er da eine Aussicht – auf Erfolg? Als kleiner, unbekannter und noch dazu armer Pilger vor dem mächtigsten Papst der Kirchengeschichte, Innozenz III.?

Hier wird eine Person wichtig, über der sonst der Mantel der Geschichte liegt: der Bischof von Sabina. Durch ihn erhielt Franziskus die Aussicht, mit dem Papst zu sprechen.

Eine solche Aussicht hat nichts mit dem Sehen unserer Augen zu tun, eher mit dem Sehen des Herzens, das in unserem Impuls Antoine de Saint-Exupery so ausdrückt:

MAN SIEHT NUR MIT DEM HERZEN GUT. DAS WESENTLICHE IST FÜR DIE AUGEN UNSICHTBAR.

B UNTERWEGS

In Poggio Mirteto

Hier ist heute der Bischofssitz von Sabina, das erst in neuerer Zeit dann auch "Bistum Sabina-Poggio Mirteto" heißt. In der Antike in unserem gestern besuchten Forum Novum gegründet, verlagerte sich der Sitz des Bischofs später kurz nach Farfa, unserem heutigen Ziel, und schließlich hierher. Zur Zeit des Franziskus war er wohl noch in Vescovio.

Wir wollen dennoch hier innehalten, um an den Bischof von Sabina aus dem Jahr 1209 zu erinnern. Franziskus traf ihn wohl weder in Vescovio noch hier an, sondern in Rom. Thomas von Celano beschreibt dies so:

Außerdem begab sich Franziskus zu dem Bischof von Sabina, Johannes von S. Paolo, der unter den Fürsten und Großen der römischen Kurie Irdisches zu verachten und Himmlisches zu lieben schien. Dieser nahm ihn gütig und liebevoll auf und war seinem Wunsch und Vorhaben geneigt. Weil der Bischof aber ein vorsichtiger und kluger Mann war, begann er ihn über vieles zu fragen und riet ihm, sich für das Mönchs- oder Einsiedlerleben zu entscheiden. Doch Franziskus wies dieses Ansinnen, soweit er konnte, demütig zurück, nicht weil er das Angeratene geringschätzte, sondern weil er eben etwas anderes fromm anstrebte und eine höhere Sehnsucht ihn erfüllte. Da staunte jener Herr über seinen Feuereifer, und weil er befürchtete, er könnte ein so großes Vorhaben nicht durchhalten, zeigte er ihm weniger beschwerliche Wege. Endlich beruhigte er sich, von seinen standhaften Bitten besiegt, und bemühte sich, seine Sache beim Papst zu fördern.

Es war vielleicht eine zufällige Begegnung – fromm gedeutet: eine von Gott gefügte. Der arme Pilger trifft genau den Kirchenmann, der im Gegensatz zu den meisten anderen auf seiner Wellenlänge schwimmt. Und bekommt dadurch die Aussicht, Papst Innozenz III. von seiner Idee zu überzeugen.

Solche Chancen eröffnen sich oft wie zufällig. Das haben wir vielleicht auch schon erlebt. Es ist oft so, dass sich ganz plötzlich Aussichten eröffnen, an die wir zuvor oder wenigstens gerade in diesem Moment nicht gedacht hatten.

Unsere konkrete Aussicht auf Rom, das ja noch einige Tage von uns entfernt ist, kann dafür als Beleg dienen. Wir sind vielleicht (noch) gar nicht darauf eingestellt, sind gedanklich – wie Pilger halt so sind – ganz beim Tag selbst und seinen Aufgaben an uns, da eröffnet sich ein Blick in die Zukunft.

Diesen hatte wohl der sonst unbekannte Bischof auch. Aber in seinem Herzen. Er sah die Begeisterung des armen, fremden Pilgers aus Assisi, seine Liebe zu Gott und seine Beharrlichkeit. Die geschildete Begegnung und Unterredung gleicht fast einem modernen Assessmentcenter. Erst als Franziskus sämtliche Einwände und Bedenken entkräften konnte, durch seine Begeisterung, erkennt der Bischof, der sicher über Menschen-Erfahrung verfügte, das Franziskus seine Berufung leben wird können und ist bereit den Papst anzusprechen. Vielleicht sah Johannes auch die Chancen der Kirche, die in diesem Neuanfang steckte – weg von der Machtbesessenheit und wieder hin zum urchristlichen Ansatz eines Lebens in Gemeinschaft und Einfachheit.

Das folgende Wegstück verläuft auf einer Straße, auf der wir einzeln gehen müssen. Nutzen wir diese Strecke zum Schweigen und zum Hören auf unser Herz. Darauf, was es sieht, welche Aussichten es erhofft. Nur wenn wir in unserem Herzen überzeugt sind, können wir auch andere überzeugen.

C ABENDIMPULS

Man sieht nur mit dem Herzen gut. Das Wesentliche ist für die Augen unsichtbar.

Diese tiefe Weisheit, nicht nach dem Augenschein zu urteilen, sondern sein Herz sprechen zu lassen, haben wir sicher schon oft in unserem Leben erspürt und beherzigt.

Viele Eindrücke haben heute unsere Augen beschäftigt, gerade auch hier in Farfa. Wir haben die Aussicht auf Rom genossen, und wir hatten die Aussicht, jetzt am Abend hier etwas zu essen und zu trinken zu bekommen, zu übernachten, Kräfte zu tanken für den morgigen Tag.

Wir haben unser Herz befragt. Was hat es gesehen? Welche Aussichten, konkrete, erfüllbare und vielleicht nicht (bald) erfüllbare hat es uns gezeigt? Höre ich im Alltag auf mein Herz, auf das, was es sieht, was es an Aussicht erspürt?

Legen wir unsere Gedanken in das folgende kurze Gebet:

Guter Gott, ich danke dir für die vielen Aussichten, die du mir heute wieder geschenkt hast und/oder die ich tief in meinem Herzen trage. Sie sind Bausteine für die Zukunft, Hoffnungen, Perspektiven. Hilf mir, mutig Schritte zu gehen, die diese Aussichten nicht verraten, hier wie auch wieder zu Hause im Alltag. Lass mich morgen mit neuem Mut erwachen – und in Vorfreude auf einen schönen Pilgertag! Amen.

A MORGENIMPULS

Unser Motto speist sich heute konkret daher, dass wir auf der Mitte unseres Weges einen Abstecher zu einem Superlativ machen können: der Ulivone, der größte Olivenbaum Europas steht in Canneto. Diese Bezeichnung hält sich hartnäckig, auch wenn das Laubwerk vor dem eisigen Winter 1985 um einiges größer war und es vermutlich noch höhere Exemplare gibt. Im Jahr 2010 wurde er mit 10 Metern vermessen – eine Seltenheit. Aber auch das Alter ist nahe am Superlativ: Der C-14-Methode nach wurde er um das Jahr 50 vor Christi Geburt gepflanzt. Und was er trägt, übersteigt die Vorstellungskraft, da seine extrem dicht wachsenden Zweige 12 Doppelzentner Oliven hervorbringen, wohingegen ein normaler reifer Ölbaum etwa einen Zentner erreichen kann.

Superlative dieser Art haben uns kaum beschäftigt, seit wir auf dem Franziskusweg unterwegs sind. Eher mit Begriffen wie „klein" oder „niedrig", „Minderbruder" oder „Demut".

Unser Impuls stammt vom antiken Philosophen Seneca (ca. 4 v. Chr. - 65 n. Chr.), der also die ersten Triebe des Ulivone zumindest zeitlich gesehen haben könnte:

ALLES WAHRHAFT GROßE VOLLZIEHT SICH DURCH LANGSAMES, UNMERKLICHES WACHSEN.

B UNTERWEGS

Beim Ulivone oder zumindest in der Nähe

Ein beachtlicher Baum, der durch seine schiere Größe beeindruckt und seit Generationen Menschen in seinen Bann zieht.

Noch in der Zeit der antiken römischen Republik gepflanzt erlebte er die Expansion des kaiserlichen Rom, den Aufstieg des Christentums, vielleicht Barbareneinfälle, auf jeden Fall das wechselvolle Hin und Her der Macht im Mittelalter. Vielleicht sah er eine kleine Gruppe armer Pilger nach Rom wandern. Sein Besitz ging vom Kirchenstaat an die Bauersfamilie über, die ihn noch heute hegt und pflegt. Während des 2. Weltkrieges wurde der Ulivone von den Alliierten als militärischer Bezugspunkt benutzt. In seinem Stamm existierte ein Munitionslager versteckt, während die Kinder nach dem Krieg die gleiche Aussparung für ihre Spiele benutzten.

Ein Baum mit Größe und Geschichte. Klein angefangen, gewachsen, groß geworden. Ein Kreislauf, der sich in jedem Leben abbildet, den wir alle kennen. Von uns, von unseren Kindern. Aber auch von Ideen oder Gemeinschaften. Die Kirche oder die franziskanische Bewegung – alles begann klein und wurde groß.

Das ist zunächst schön, zeigt Akzeptanz und Erfolg. So wie auch Kinder stolz sind, größer zu werden, wie sie kaum erwarten können, wieder und wieder Geburtstag zu haben. Irgendwann hört das auf. Die Freude weicht der Routine, das Wachsen führt zu Unzufriedenheit und Problemen mit dem eigenen Körper, und gelegentlich gibt es sogar Wachstumsschmerzen. Nicht nur bei Kindern.

Auch die Idee des Franziskus wurde irgendwann „erwachsen". Vorbei war das unschuldige Herumexperimentieren mit den Idealen der Armut, die pure Freude wich der Ernüchterung, dass eine größer werdende Gruppe Strukturen braucht, dass Wachstum auch Abschied von der Ursprünglichkeit und Beweglichkeit bedeutet.

Für Franziskus selbst war das nichts. Er konnte mit Macht und Größe nichts mehr anfangen, seit er freiwillig auf sie verzichtet hatte. Was er ins Leben gerufen hatte, wurde ihm zu groß. Er konnte nichts damit anfangen, nun Regeln zu erlassen oder Hierarchien einzuführen, und besonders dann nicht, wenn er das in Gefahr sah, was für ihn das Prinzip überhaupt war: die Armut, die Bescheidenheit, die Niedrigkeit. Seine Sache entglitt ihm. Das, was er für sich entdeckt hatte und anderen vermitteln wollte, funktionierte nicht, wie er es wollte. Nicht in einer größeren Gemeinschaft. Er gab die Ämter, die ihm naturgemäß zugefallen waren, auf. Er wollte sie nicht. Er versuchte gegenzusteuern. Lassen wir ihn dabei heute selbst in einem seiner letzten Briefe zu Wort kommen: *Wem aber der Gehorsam anvertraut ist und wer als der Größere gilt, der soll wie der Geringere und der Knecht der anderen Brüder sein.*

Die Ähnlichkeit zum Evangelium fällt auf. Nicht die zu späteren Schriften der Kirche, in der sie auch ihre Macht und Größe zementierte. Und bei der Franziskus genau dieses Problem erkannt hatte, nämlich die Entfernung vom Evangelium.

Wie ist das bei uns? Wonach streben wir? Genießen wir es

143

nicht, groß und bedeutend zu sein? Ist nicht unser ganzer Lebensentwurf darauf ausgerichtet, möglichst weit nach oben zu kommen?

Es lohnt sich, darüber nachzudenken, ob es überhaupt möglich ist, auf diese tief in uns steckenden Ziele zu verzichten. Was wäre anders, wenn wir oder wenn alle Menschen nicht nach Größe streben würden? Wäre das denkbar? Und was würde sich ändern? Da auch die gesellschaft- und wirtschaftliche Orientierung immer nach Wachstum schreit - würde alles zusammenbrechen, wenn sich alle Menschen in einer anderen Richtung bewegen würden? Aber es wäre vielleicht auch der Aufbruch in eine andere Zeit....

C ABENDIMPULS

Alles wahrhaft Große vollzieht sich durch langsames, unmerkliches Wachsen.

In unserer alltäglichen Wahrnehmung ist das oft nicht so. In Sport, Politik oder Wirtschaft schießen Senkrechtstarter nach oben, Hypes um aufflammende Sternchen im Showbereich beherrschen die Schlagzeilen, und heillos überteuerte, dafür aber trendige Marken werden zu „Must-Haves". Das Attribut „kurzfristig" tragen sie alle, meistens jedenfalls.

Was langsam wächst, wird auch groß – zwar weniger schrill oder Aufsehen erregend, aber doch auch. So wie der Ulivone etliche Jahrhunderte lang wohl kein Ausnahmegewächs war.

Respektiere ich diese Langsamkeit bei Prozessen, die mich persönlich betreffen? Oder neige ich dazu, an den Halmen zu ziehen, damit das Gras schneller wächst? Warum ist das so? Warum lasse ich nicht viel mehr geschehen, sondern versuche, Dinge zu beschleunigen?

Legen wir unsere Gedanken in das folgende kurze Gebet:

Guter Gott, ich danke dir, dass du mich hast groß werden lassen, so groß wie ich nun eben bin, körperlich, geistig. Ich habe auf meinem Weg Großes gesehen und Kleines – und nicht nur das Große geschätzt, sondern auch oder gerade die kleinen Dinge, die mir das Pilgern angenehm machen. Hilf mir dabei, in meinem Leben nicht nur das Große, Laute und Mächtige zu beachten. Halte dies in mir wach und schütze nun meinen Schlaf, damit ich morgen mit neuer Kraft erwache! Amen.

31. Montelibretti - Mentana: WEGE

A MORGENIMPULS

Unser Motto speist sich heute aus dem Bewusstsein, nun sehr oft auf einer wirklich alten Route unterwegs zu sein, auf der Via (Vecchia) Nomentana, die hier in Montelibretti, dem antiken Eretum von der Via Salaria abzweigte und über unseren heutigen Zielort Mentana nach Rom führte.

Außerdem wären Impulse für einen Pilgerweg ja kaum vollständig, wenn man sich nicht irgendwann auch Gedanken über den Weg an sich macht. Vermutlich haben wir alle schon beim Planen, aber spätestens beim Aufbruch eine Vorstellung davon gehabt, warum wir einen so langen Weg gehen, was er uns bedeutet. Wir haben die unterschiedlichsten Charakteristika von Wegen erlebt – zwischen Teerstraßen bis hin zu fast nicht kenntlichen Wegstücken war alles dabei. Aber es waren immer Wege. Wir waren auf den Spuren des Franziskus unterwegs und auf den Spuren derer, die vor uns hier gegangen sind.

Ohne das Gehen gibt es keinen Weg – oder, um mit Franz Kafka zu sprechen, der uns heute den Impuls liefert, der sich wieder einmal gut als Mantra eignet:

WEGE ENTSTEHEN DADURCH, DASS MAN SIE GEHT.

B UNTERWEGS

Bei der Torre de Fiora

Wir sind unter-weg-s. Etwa auf der Hälfte unserer heutigen Strecke halten wir inne. Wir haben hinter Montelibretti nur landwirtschaftlich genutztes Kulturland durchmessen, es gab wenig zu sehen, der Teerbelag, den wir lange als Untergrund hatten, machte das Gehen nicht gerade schön, es ging viel geradeaus – typisch für Römerstraßen. Geradeaus und kaum Abwechslung, ein Weg ohne große Entscheidungen.

So ein Wegstück lässt uns an den Alltag denken. Es läuft alles so dahin, wir erleben keine Sensationen, was uns begleitet, ist okay, regt uns aber nicht pausenlos zum Jubeln an. Es geht alles seinen Gang. Wenn wir dabei unsere Gefühlslage bedenken – ist es dann nicht so, dass wir uns also gar nicht nach einfachen Wegen sehnen, sondern nach Herausforderungen, nach Entscheidungen und Abwechslung?

Auch bei Franziskus schien der Weg vorgezeichnet zu sein: Hineingeboren in eine reiche Familie, Eltern, die ihm wohl viel ermöglichten, Freunde, die er begeistern konnte, Karriereaussichten – ein gerader Weg. Und dann geschieht etwas Unerwartetes, Gott ruft ihn, und er verlässt den eintönigen, sicheren Weg. Er tauscht ihn gegen Serpentinen, Schlaglochpisten und Anstiege. Wie mag er sich gefühlt haben, als er sich auf den Weg machte – auch auf diesen nach Rom zum Papst?

Wenn wir unseren eigenen Pilgerweg Revue passieren lassen, gab es da auch ganz andere Passagen als die gerade Römerstraße, und all diese unterschiedlichen Formen von Wegen lassen sich auf unser Leben übertragen:

- Aufregend enge Pfade mit Dornen und Wurzeln, bei denen wir uns vielleicht manchmal eine bequeme Straße herbeisehnten - auch bei Schwierigkeiten, da, wo es für uns mal eng wird, sehnen wir uns nach Normalität, auch mal nach dem sonst so unbeliebten „Alltagstrott".

- Steile Auf- oder Abstiege, die uns zwar auf direktem Weg über einen Berg oder durch ein Tal brachten, aber Kraft kosteten, und bei denen wir die Existenz von Brücken oder Tunnels dann doch ganz gut gefunden hätten - stressige Etappen auf unserem Lebensweg lassen uns dann aber doch auch meist stolz auf unsere Leistung zurückblicken, auch wenn sie uns gelegentlich den Atem genommen haben und wir über Erleichterungen froh gewesen wären.

- Oder auch Abschnitte auf viel befahrenen Straßen, bei denen wir Angst vor dem Verkehr hatten und auf die Rücksicht der Autofahrer angewiesen waren - Zu viel Lärm und Hektik um uns herum ist auch oft in unserem Alltag schwer zu ertragen.

Nehmen wir uns nun ein paar Augenblicke Zeit, um solche Passagen in unserem Leben auftauchen zu lassen, sie vielleicht mit einem Abschnitt am Franziskusweg zu vergleichen und uns dann auch gegebenenfalls damit zu versöhnen.

An den Schluss dieser Überlegungen stellen wir dann die vertrauende Hoffnung, dass Gott all unsere Wege mitgeht, auch schon mitgegangen ist und immer weiter auch an unserer Seite sein wird. Dieser Gott, der in Jesus zu uns gesagt hat: *„Ich bin der Weg, die Wahrheit und das Leben!"* (Joh 14,6), ihm können wir unsere Wege, die bisherigen, die gegenwärtigen und die zukünftigen anvertrauen.

C ABENDIMPULS

Wege entstehen dadurch, dass man sie geht.

Wir sind heute den alten Weg der Via Nomentana gefolgt. Unzählige Menschen sind darauf gegangen, Lasten wurden darauf getragen. Morgen werden wir weitergehen, weiter auf der alten römischen Straße bis an ihren Endpunkt. Doch unser Ziel liegt dann noch woanders.

Wege und Ziele sind eng miteinander verbunden. Über den zum Sprichwort gewordenen Satz des Konfuzius „Der Weg ist das Ziel" kann man streiten. Aber ohne den Weg gibt es kein Ziel. Ohne das Ziel gäbe es wiederum keinen Pilgerweg.

Der Franziskusweg hat viele Ziele, Rom ist deren letztes. Er hat viele Facetten an Wegen, die letzten sind vielleicht nicht die schönsten, aber sie lassen uns Raum, nachzudenken über unseren Weg, auch über unseren Lebensweg.

Legen wir unsere Gedanken in das folgende kurze Gebet:

Guter Gott, ich bin einen langen Weg gegangen und stehe kurz vor dem Ziel. Dabei sehe ich oft die Mühsal der Strecke und vergesse, dir zu danken. Ich möchte dir die Wege meines Lebens anvertrauen, alles, was mein Leben reich und schön, aber auch anstrengend und interessant macht. Erinnere mich immer wieder an die Freude darüber und das Vertrauen darauf, wenn es nicht so läuft wie geplant! Lass mich morgen mit neuem Mut und neuer Kraft erwachen – und in Vorfreude auf einen schönen Pilgertag bis nach Rom! Amen.

A MORGENIMPULS

Unser Motto speist sich heute aus der gegensätzlichen Erfahrung, die wir heute machen werden: Wir gelangen aus der Kleinstadt Mentana noch einmal durch ländliche Gefilde in einen Vorort Roms, erleben dort Trubel und Lärm, können dann noch einmal Atem holen, wenn wir auf der Via della Cesarina ruhig nach Tor S. Giovanni hinüberwandern, wo uns dann endgültig das Großstadttreiben erfasst.

Vielleicht können wir dennoch – trotz allem Hupen, Mofa-Geknattere und anderem Lärm – auch dort in uns die Ruhe finden, wenn wir sie uns jetzt und unterwegs noch einmal ganz bewusst machen. Die Ruhe, die wir in den Einsiedeleien spüren konnten, auf den Bergen des Casentino oder der Abruzzen und in den zahllosen Kirchen und Kapellen auf unserem Weg.

Ruhe tut uns gut, das werden wir heute bewusst merken. Schon Basilius der Große (330 – 379) war sich dessen bewusst und schenkt uns daher den heutigen Impuls, der uns als innerlich ruhig gesprochenes Mantra begleiten kann:

RUHE IST FÜR DIE SEELE DER ANFANG DER REINIGUNG.

B UNTERWEGS

Auf der Via della Cesarina

Pinien, Felder, noch einmal Land vor der Stadt, die ihre Arme immer weiter ausstreckt ins Umland, die Gemeinden wie Fonte Nuova schon ansteckt mit ihrem Lärm, die uns dadurch abschreckt – und doch anzieht, da wir in ihr unser Ziel sehen.

Da sie auch für Franziskus ein wichtiges Ziel war. Und da es auch in ihr Ruhe gibt. Und hoffentlich auch in uns.

Wahrscheinlich haben uns die vielen Autos und der Straßenlärm seit Fonte Nuova gestört, genervt und vielleicht auch erschreckt. Wir werden uns daran (wieder) gewöhnen müssen. Mindestens für heute und morgen.

Es wird ein anderes Pilgern sein, wenn wir durch die Stadt gehen. Harter Untergrund, neugierige und vielleicht auch verständnislose Blicke, genervtes Gehupe, wenn wir nicht schnell genug den Autos Platz machen,und dazu das Getriebe der Metropole.

Nutzen wir also die letzten ruhigen Meter hier, um uns vom Franziskusweg, der uns fast nur durch wunderbare Landschaften und ruhige Dörfer geführt hat, zu verabschieden.

Mit unseren ganz persönlichen Gedanken an das, was wir nie mehr vergessen werden. An Gerüche, An- und Ausblicke, Begegnungen, an Gefühle der Freude oder der Unbehaglichkeit, an Hitze und Durst, an …

Verabschieden wir uns vom Pilgern wie es bisher war.

Speichern wir die Gedanken und die Ruhe, die uns hier noch umgibt.

Machen wir dies ganz bewusst, indem wir einige Male tief ein- und ausatmen und bei jedem Atemzug an die gerade erinnerten Momente denken.

Und nehmen wir beides, diese Gedanken und die Ruhe, mit auf unseren Weg durch die Stadt Rom, zu der nach dem Sprichwort ja sowieso alle Wege führen. In den Ort, der schon seit Jahrtausenden DIE Stadt überhaupt ist. Die Wiege der Kultur, die Hauptstadt der (katholischen) Christenheit, das Ziel des Franziskus(weges).

C ABENDIMPULS

Ruhe ist für die Seele der Anfang der Reinigung.

Wir sind in der Stadt angekommen. Vielleicht erleben wir gerade das Gegenteil von Ruhe durch den Verkehrslärm, der unser Quartier umtost.

Bleiben wir aber noch kurz beim Gedanken des Basilius.

Wir haben uns unterwegs bewusst mit der Ruhe befasst, und hoffentlich ist der Speicher noch nicht leer, den wir mit ihr und mit unseren Gedanken an den Franziskusweg befüllt haben.

Damit haben wir, um bei Basilius zu bleiben, angefangen, unsere Seele zu reinigen. Das ist an dem Abend, der vor dem Erreichen unseres Zieles liegt, kein unpassender Schritt. Eine

Reinigung vor dem Betreten der erreichten Kultstätte ist ein religions- und kulturübergreifendes Phänomen. Meist ist dabei an eine körperliche Reinigung gedacht – rituelle Waschungen kennen Islam und Judentum, Hinduismus und Shintoismus, in der Antike gab es sie auch vor weltlichen Anlässen. Ziel war und ist immer, sich in einen Zustand zu begeben, der eine problemlose Teilnahme ermöglicht, für sich selbst und auch für die anderen.

Im Christentum kann man vielleicht an die Beichte denken, die bei vielen Katholiken vor dem Empfang der Kommunion stehen muss(te).

Bereiten wir uns also durch Ruhe vor auf das Erreichen unseres Zieles morgen.

Legen wir unsere Gedanken in das folgende kurze Gebet:

Guter Gott, ich bin voller Dankbarkeit, meinem Ziel so nahe gekommen zu sein. Ich denke mit Freude und auch ein wenig Stolz an den Weg, der hinter mir liegt, an die Begegnungen, die ich machen durfte. Ich erinnere mich an die Situationen, die mich an meine Grenzen gebracht haben – und damit auch mir selbst und dir nahe als meinem steten Begleiter, den ich oft gerade da spüren durfte. Lass all diese Erfahrungen hineinreichen in meinen Alltag, für den ich mir auch mehr Ruhe wünsche und der bald wieder beginnt. Schenke mir eine ruhige Nacht und lass mich morgen mit neuer Kraft erwachen – und in Vorfreude auf das Ziel des Franziskusweges! Amen.

33. Rom: TRAUM

A MORGENIMPULS

Unser Motto speist sich heute wieder aus zwei Motiven – zum einen aus dem, dass wir unseren eigenen Traum verwirklichen, den Franziskusweg bis zu seinem endgültigen Ziel, bis hierher nach Rom gepilgert zu sein. Zum anderen erinnern wir uns gerade hier an einen entscheidenden Traum aus dem Franziskusleben, ohne den es vermutlich keine franziskanische Bewegung gegeben hätte, keinen Orden, und auch keinen Franziskusweg.

Es ist der Traum des Papstes Innozenz III. Er sieht Franziskus, diesen kleinen armen Rompilger die große Lateranbasilika stützen, die ohne ihn in Trümmern liegen würde. Dass damals Träume eine viel größere und handfestere Bedeutung hatten als in unserer Zeit, dass sie das Handeln bestimmen konnten, ist für uns vielleicht schwer zu verstehen.

Es galt die Überzeugung, die der griechische Philosoph Synesios von Kyrene (370 - 412) formulierte und die in Bibel und Kirche selbstverständlich war. Sie begleite uns als Mantra und Impuls heute durch das moderne, pulsierende Rom:

DIE TRÄUME SIND PROPHETEN, SIE LÖSEN DEN MENSCHEN DIE RÄTSEL DER ZUKUNFT.

B UNTERWEGS

Vor der Lateranbasilika

Unterwegs ist fast nicht richtig, da wir ja am Ziel angelangt sind. Wir haben das lebhafte Treiben Roms durchmessen,

154

ein paar Kunstschätze angeschaut und sind die lange Merulana auf die altehrwürdige Lateranbasilika zu gepilgert.

Hier residierte der Papst zur Zeit des Franziskus. Hierher kam er, um seine Lebensform billigen zu lassen, um zu erfahren, welchen Auftrag die Kirche für ihn hat, welchen Platz sie ihm und seinen Gefährten zuteilt. Ganz im Gehorsam. Lassen wir die Geschichte in der (gekürzten) Fassung des Bonaventura auf uns wirken!

Als sie dann zwölf Brüder zählten, beschloss Franziskus, mit jener Schar einfältiger Menschen vor den Papst zu treten und ihn demütig zu bitten, die Lebensweise, die der Herr ihn hatte schauen lassen und die er mit wenigen Worten aufgeschrieben hatte, mit der Fülle der Autorität zu bestätigen. Als er mit seinen Gefährten, wie beschlossen, vor Papst Innozenz III. treten wollte, kamen ihm gütig und gnädig Gottes Kraft und Weisheit zuvor. Denn sie ermahnten den Statthalter Christi in einer Vision, er möge die Bitte des armen Mannes gnädig anhören und sie gewähren. Der Bischof von Rom sah nämlich im Traume, wie die Lateranbasilika einzustürzen drohte

und ein armer, kleiner und verachteter Mann sie mit seiner Schulter stützte, damit sie nicht zusammenfalle. Als nun der weise Papst sah, wie den Diener Gottes einfältige Herzensreinheit, Verachtung der Welt, Liebe zur Armut und beharrliches Streben nach Vollkommenheit erfüllten, rief er aus: „Wahrlich, das ist der Mann, der durch Tat und Lehre Christi Kirche stützen wird!" Von dieser Zeit an verehrte der Papst ihn deshalb sehr und erfüllte in allem seine Bitte, bestätigte die Regel, erteilte ihm den Auftrag zur Bußpredigt, gewährte ihm alles, worum er gebeten hatte, und versprach ihm, er werde ihm in Zukunft gerne noch größere Wünsche erfüllen.

Bewegungen, die in armen Gemeinschaften lebten und daher auch für eine arme Kirche eintraten, gab es schon vor Franziskus. Sie wollten die nicht mehr dem Evangelium gemäß lebende mächtige und reiche Kirche reformieren und auf ihre Wurzeln zurückführen. Besonders in Frankreich organisierten sich religiöse Laiengruppen wie die „Armen von Lyon" gegen die Verweltlichung der Kleriker, angeführt von einem gewissen Petrus Valdes, einem einst reichen Kaufmanns, der nach seiner Bekehrung sein Vermögen aufgegeben hatte – die Ähnlichkeit zu Franziskus und seinen Brüdern war auf den ersten Blick frappierend. Sie zogen predigend durch die Lande – ebenso wie das auch die Minderbrüder machen wollten.

Im letzten Wort liegt dabei aber nun der Unterschied begründet: Franziskus unternahm die Pilgerreise nach Rom und suchte zuerst um Bestätigung dieses Weges nach. Die anderen Gruppen hatten das nicht getan – und der Teufelskreis begann: auf das kirchliche Verbot folgte Widerstand, diesem die Exkommunikation, darauf fundamentale Ablehnung und Diffamierung der Kirche, darauf Verfolgung bis zu den Scheiterhaufen der Waldenser- und Albigenserprozesse.

Der Geist des franziskanischen Gehorsams war es wohl, der Franziskus dieses oder ein ähnliches Schicksal ersparte oder von vornherein unmöglich machte – und dazu der Traum des mächtigen Innozenz III., der erkannte, dass hier ein neuer und wertvoller Trieb am Baum der Kirche keimte.

Eine wirkliche Reform ist nur von innen heraus machbar.

C ABENDIMPULS

Die Träume sind Propheten, sie lösen den Menschen die Rätsel der Zukunft.

Die Zukunft liegt nun vor mir. Der Franziskusweg ist Geschichte. Meine Geschichte. Er wird meine Zukunft prägen, vermutlich mehr als Träume. Er wird mein Leben begleiten, meinen Alltag, mein Denken und Handeln.

Vielleicht dadurch, dass Kommerz nicht alles ist. Dass die Schöpfung mehr Aufmerksamkeit verdient. Dass es manchmal Sinn macht, sich zurückzunehmen. Dass es Sinn macht, Frieden zu schließen – mit den anderen, mit der Schöpfung, mit mir selbst. Dass es immer Sinn macht, zu beten.

Mein Weg ist hier nicht zu Ende. Auch Franziskus hat in Rom kein fertiges Ziel erreicht, sondern den Auftrag zur Arbeit bekommen. Einen neuen Weg. Was ist mein nächstes Ziel?

Legen wir unsere Gedanken in das folgende kurze Gebet:

Guter Gott, ich bin am Ende des Weges und am Anfang des künftigen Alltags. Ich habe bemerkt, dass ich oft nach Dingen strebe, die mich langfristig nicht glücklich machen. Am Beispiel des Franziskus konnte ich erkennen, dass ich auch mit Wenigem zufrieden bin, dass ich vieles nicht brauche, was ist sonst zu brauchen meine. Ich habe seinen Blick auf die Menschen und Tiere, ja auf die ganze Schöpfung wahrgenommen und möchte ihn gern teilen. Hilf mir, möglichst viel dieser

Gedanken in meinem Alltag umzusetzen. Lass mich morgen mit neuem Mut und neuer Kraft erwachen – und in Vorfreude auf den Alltag, den ich neu gestalten will! Amen.

Neben kleineren nur einmal zitierten Quellen sind folgende öfter verwendet und sollen hier kurz vorgestellt werden:

- **Thomas v. Celano**, ein gebildeter Franziskaner, erhielt am 29. April 1228 den offiziellen Auftrag, eine Franziskusvita zu schreiben. Bereits am 25. Februar 1229 wurde diese Biographie von Papst Gregor IX. approbiert. In den Jahren 1246/47 erhielt Thomas vom Generalminister den Auftrag, eine zweite Franziskusbiographie zu schreiben. In den Jahren 1250 bis 1252 verfasste er dann noch auf Drängen der Brüder ein Mirakelbuch über die Wunder des heiligen Ordensgründers, kurz darauf im Auftrag von Papst Alexander IV. in den Jahren 1255 bis 1256 das Leben der hl. Klara.

- Die **Dreigefährtenlegende** ist gerade durch ihre Unterschiede zu Thomas ein Zeugnis von hohem historischen Wert, berichtigt sie doch die Nachrichten, die wir von Thomas besitzen, und wird andererseits zur Quelle für dessen zweite Vita und auch für Bonaventura (s.u.). Sie steht so im Schnittpunkt zwischen zwei offiziellen Lebensbeschreibungen. Als von der Basis her entstandene inoffizielle Legende nimmt sie kaum Rücksicht auf überlieferte Schemata, wie ein Heiliger zu sein hat, sondern schildert Franziskus als Menschen, als Kind seiner Zeit und Stadt. Sie hebt z.B. die guten Anlagen und das Taktgefühl des jungen Francesco, aber auch seine Eitelkeit hervor. Literarisch schlichter, unmittelbar und konkret in ihrer Sprache weiß sie um Orte und Namen, die bei anderen Quellen fehlen; sie erzählt Vorfälle und Ereignisse so frisch und lebendig als wären sie erst gestern geschehen. Hier äußern sich Gefährten, die von Anfang an oder doch bald dabei waren, als Franziskus seinen eigenen Weg ging.

- **Bonaventura** von Bagnoregio, der gelehrte Theologe, der 1257 zum Generalminister gewählt worden war, erhielt ange-

159

sichts der kontroversen Vorstellungen vom Charisma des Franziskus im Orden und in der Kirche vom Generalkapitel von Narbonne im Jahre 1260 den Auftrag, eine tiefere und gereiftere theologische Sicht von Franziskus vorzulegen. Neben der Entfaltung dieser Franziskustheologie und der eigenen redaktionellen Arbeit befragte Bonaventura auch die damals noch lebenden Gefährten des heiligen Franziskus. Trotz des historischen Interesses und der diesbezüglichen Nachforschungen ist sein Werk keine historische Franziskus-legende, sondern eben eine Franziskustheologie: Bonaventura stellt Franziskus als sehr treuen Nachfolger Jesu dar, der in dieser Nachfolge Jesus immer ähnlicher wird und so schließlich immer mehr in die Gestalt Jesu hineinverwandelt wird. Mit Bonaventuras Legenden treten wir also in eine spätere und reflektierte Reifephase der Franziskuslegenden ein.

- Die **Fioretti** gehören mit dem Sonnengesang zu den Früh-werken italienischer Literatur. Zwischen 1385 und 1396 ent-standen lässt schon der Titel (Blümlein) an eine spielerische, unsystematische Auslese aus einem reicheren Material den-ken, an ein franziskanisches „Lesebuch", das eine Auswahl wunderbarer Begebenheiten enthält. Charismatische Zeichen wie Ekstasen und Visionen, das heiligmäßige Leben des Franziskus und einiger seiner Gefährten und Nachfolger der folgenden Generationen werden erzählt. Die Fioretti sind kein reines Franziskusbuch, nur die ersten 38 Kapitel handeln von Franziskus selbst. Das Werk gibt den Stand der mündlichen Überlieferung wieder, wie sie sich von den Zeiten des Heili-gen bis zum Ende des 13. Jahrhunderts entwickelt hat.

Alle franziskanischen Quellentexte sind mit freundlicher Ge-nehmigung entnommen aus:

Dieter Berg, Leonhard Lehmann (Hg.), Franziskus-Quellen. Die Schriften des heiligen Franziskus, © 2009 Edition Coelde in der Butzon & Bercker GmbH, Kevelaer, www.bube.de